Jürgen Mette

Die Evangelikalen

Über den Autor

Jürgen Mette ist Theologe und war bis 2013 geschäftsführender Vorsitzender der Stiftung Marburger Medien. Er stand 22 Jahre dem Stiftungsrat der Studien- und Lebensgemeinschaft Tabor vor. Viele Jahre hatte er einen Lehrauftrag an der Evangelischen Hochschule Tabor inne. Er engagiert sich in diversen christlichen Führungsgremien, wie zum Beispiel im Hauptvorstand der Deutschen Evangelischen Allianz.

Auch als Buchautor hat er sich einen Namen gemacht. Seine Autobiografie „Alles außer Mikado" avancierte zum SPIEGEL-Bestseller. Der darauffolgende Kriminalroman „Gnadenzeit" sowie sein Roman „Espenlaub" beleuchten das Problem geistlicher Fehlentwicklungen in konservativen religiösen Gruppierungen. Jürgen Mette ist verheiratet und Vater von drei erwachsenen Söhnen.

Jürgen Mette

Die EVANGE LIKALEN

Weder einzig noch artig.
Eine biografisch-theologische Innenansicht

Etwas zu kritisieren, was man nicht mag,
bedarf keiner besonderen Anstrengung.
Sich aber kritisch mit denen zu beschäftigen,
die man liebt und schätzt,
das bedarf mancher Mühe und Geduld.
Ein Balanceakt kritischer Dankbarkeit.

Meinen Kritikern gewidmet.
Ohne sie wäre ich der Alte geblieben.

Di_ _vang_likal_n
sind w_d_r
die _inzig wahr_n Christ_n,
noch sind si_ _in B_ispi_l
für artig_ Umgangsform_n
g_g_nüb_r and_rs Geprägt_n.
Ab_r si_ sind b_g_ist_rt
von d_r _inzigartigk_it
d_r Kirch_ J_su Christi.

Ergo:

Das Reich Gottes ist noch verborgen wie eine Schrift ohne
Vokale. Gleichzeitig ist es schon längst erkennbar angebrochen.
Eine Kirche ohne Evangelikale wäre wie eine Sprache ohne
Vokale. Evangelikale sorgen „eeh" für die „aahs", „uuhs" und
„oohs" des Christentums.

Intro des Verfassers

„Gehörst du nicht auch zu diesen Evangelikalen?" So fragte mich ein Bekannter in den Tagen der letzten amerikanischen Präsidentschaftswahl mit spöttischem Unterton, gerade so als sei ich religiös infektiös. Der mächtigste Mann der Welt war durch die Unterstützung der konservativen Evangelikalen an die Macht gekommen.

Die Onlineausgabe der ZEIT hatte berichtet: *Es ist eine merkwürdige Verbindung, die sich da gebildet hat. Auf der einen Seite stehen rund 60 Millionen gläubige Christen, die ein frommes Leben führen und über Jahrzehnte den Anspruch erhoben haben, dass nur Männer von tadellosem Charakter als Präsidenten infrage kommen. Auf der anderen Seite steht Donald Trump, ein Mann mit fünf Kindern von drei Frauen, der ungerührt über seinen Ehebruch sprach und von mindestens 19 Frauen des sexuellen Übergriffs beschuldigt wird. Wie passt das zusammen?*[1]

Mit einem genervten „Zu diesen (!) Evangelikalen gehöre ich nicht, das hat mit evangelikal nichts mehr zu tun" versuchte ich dieser Verlegenheit zu entkommen.

„Und außerdem gibt es viele seriöse Christen in den USA, die Trump ablehnen, aber auch solche, die ihm zustimmen, ohne gleich fundamentalistisch zu sein." Mein Gesinnungstester schien vorläufig besänftigt.

Aber im Hintergrund dieser beiläufigen Episode lief in meiner Fantasie die biblische Geschichte der Verleugnung des Petrus wie ein Film in mir ab. „Bist du nicht auch einer von diesen Jesus-Leuten?" So wurde Simon Petrus, einer der treusten Freunde des Rabbi Jeshua, von einer fremden Frau am Lagerfeuer gefragt. Und Petrus, der Eifrigste von allen, log sich um Kopf und Kragen und behauptete, ihn nicht zu kennen. Das Ganze gleich drei Mal.

Mitten in meine intensive Schreiberei an diesem Buch fiel der Tod von Billy Graham (21.02.2018), dem Helden meiner Jugendzeit und bedeutendsten Prediger und Evangelisten des 20. Jahrhunderts. Wenige Tage später titelte die Washington Post (!):

„Protestantism was born in Germany, but it was Billy Graham who brought evangelicalism there."[2]

Kompliment, Washington Post! So gut hat es noch keiner auf den Punkt gebracht. Der Protestantismus[3] wurde in Deutschland geboren[4], aber der überzeugende, bekennende und missionarisch-diakonische „Drive" ist seit den Sechzigerjahren des vergangenen Jahrhunderts als „US-Import" in die beiden Mutterländer

---

1   ZEIT-Online 07.02.2018.

2   Washington Post, 04.03.2018, übersetzt: „Der Protestantismus wurde in Deutschland geboren, aber es war Billy Graham, der den Evangelikalismus dorthin gebracht hat."

3   Mit dem (ursprünglich politischen) Begriff Protestanten werden im engeren Sinne die Angehörigen der christlichen Konfessionen bezeichnet, die, ausgehend von Deutschland und der Schweiz, vor allem in Mittel- und Nordeuropa durch die Reformation des 16. Jahrhunderts entstanden sind und sich seitdem in verschiedene Gruppen weltweit weiterentwickelt haben. (Wikipedia)

4   „und in der Schweiz", aber das scheint in der amerikanischen Wahrnehmung keinen Unterschied zu machen.

der Reformation getragen worden. In evangelistischer Hinsicht vertreten durch Billy Graham und in theologischer Hinsicht durch John Stott[5], England. Diese Verwandtschaft kann sich sehen lassen. Der Beitrag der Evangelikalen im Konzert der Denominationen ist großartig, das Label, das Firmenschild jedoch scheint verbraucht.

So titelte das führende evangelikale US-Magazin Christianity Today am 31. März 2018: *„To be or not to be an Evangelical": Do Christians need a term or label to identify ourselves?*[6]

Ein Freund hatte Brian Stiller, dem Autor dieses Artikels, geschrieben: „Ich nenne mich nicht mehr evangelikal."

„Ich habe den Verdacht, dass es ihm etwas peinlich ist, dass er sich entschieden hat, den Begriff zu vermeiden, der weltweit von Hunderten von Millionen Christen benutzt wird. (...) Evangelikal ist jetzt ein Schlagwort, das von politischen Experten verunstaltet wird, von Protestierenden von links und rechts durchtränkt und von selbst ernannten Sprechern entehrt wird, die unangemessenes Verhalten und Sprache als notwendigen Preis für politische Macht entschuldigen.[7]

Dieses Buch beschäftigt sich nicht mit den US-Evangelikalen. Aber wenn irgendwo in der Welt fromme Menschen die ver-

---

5 John Robert Walmsley Stott, CBE (1921–2011), Theologe und Pfarrer der Church of England. Verfasser der Lausanner Verpflichtung zur Weltevangelisation (1974). Lt. Time Magazine 2005 einer der 100 einflussreichsten Personen der Welt. Helmut Burkhardt, Arbeitsgemeinschaft für evangelikale Theologie: „John Stott hatte im Anschluss an Lausanne Theologen aus verschiedenen europäischen Ländern zu einer Beratung nach Chesieres/ Villars zusammengerufen, um zu überlegen, was man für eine Veränderung der theologischen Situation in Europa tun könne." Jahrbuch AfeT 2 (1988), S. 104.

6 Das heißt: „Brauchen Christen einen neuen Begriff, um sich selbst zu erklären?"

7 Christianity Today online vom 31.03.2018.

meintlich unmittelbar bevorstehende Wiederkunft Jesu Christi prophezeien oder die Tochter Billy Grahams in Endzeitsorge eine Sonnenfinsternis als Zeichen des Gerichts Gottes deutet[8], dann schäme ich mich fremd. Aber ich bringe es nicht fertig, mich generell von diesem Frömmigkeitstyp zu distanzieren. Ich bin tatsächlich ein Evangelikaler, ein wertkonservativer engagierter Christ. Wenn das bereits evangelikal ist, dann bin ich gern evangelikal. Alle weiteren Spezifikationen wie konservativ, fundamentalistisch, rechts, links oder traditionell brauche ich nicht, weil ich mich in diesen Klischees nicht wiederfinde.

Ich schreibe dieses Buch für solche, die sich ihrer spirituellen Herkunft und Prägung schämen, und für solche, die sich aufgrund ihrer Herkunft und Prägung für die treusten und einzig wahren Freunde Gottes halten. So eine Art Leibgarde des Allmächtigen, die treu zu ihm hält, ihn vor der Kritik der Aufklärung schützt, ihn im Diskurs mit dem Atheismus argumentativ raushaut und sein heiliges Buch gegen den Angriff der sogenannten „modernen" Theologie in Schutz nimmt. Und ich schreibe für alle, die sich über Evangelikale wundern, sie bewundern oder sich von ihnen entfremdet haben.

Der Apostel Paulus beschreibt die Kirche als Leib, darum verwende ich Bilder aus der Welt der Medizin. Wir sind reif für Leibesübungen zur Gesundung des „Leibes Christi" und zur Heilung der hartleibigen Beziehungen untereinander. Die Kirche Jesu heilt im Vollzug ihres Auftrags. Sie liebt, bekennt und dient sich gesund. Oder sie verlautbart und bleibt harmlos. Welche überzeugende Kraft könnten wir entwickeln, wenn wir uns um

---

8 Anne Graham Lotz, 11.08.2017, idea Spektrum.

Gottes und der Welt Willen einig wären. Ich kann jedenfalls wieder glauben, dass wir unsere beste Zeit noch vor uns haben.

Jürgen Mette, Marburg, im Herbst 2018

Inhalt

13

14

1. Editorial

Thematisches Vorwort von Johannes Zimmermann

Es geht – einmal mehr – um die Evangelikalen. Jürgen Mette begibt sich damit auf umstrittenes Terrain, insbesondere deshalb, weil er über die Bewegung schreibt, der er sich selbst zugehörig sieht.

In den Landeskirchen und der akademischen Theologie dient „evangelikal" häufig zur Abgrenzung. Innerhalb der evangelikalen Bewegung dagegen ist die Bezeichnung ein Identitäts- und Zugehörigkeitsmarker. „Evangelikal" ist für die einen ein Schimpfwort, für andere ein Qualitätsmerkmal.

Angesichts dieser Polarisierung will Jürgen Mette Brückenbauer sein. Brückenbauer zwischen den unterschiedlichen evangelikalen Strömungen, von denen es wahrlich nicht wenige gibt. Brückenbauer aber auch zwischen den Evangelikalen und der übrigen (insbesondere evangelischen) Christenheit.

Der Begriff „evangelikal" ist im deutschen Sprachraum noch relativ jung und erst seit den 1970er-Jahren gebräuchlich[9], inzwischen aber Gegenstand wissenschaftlicher Forschung ebenso wie populärer Darstellungen.

Gisa Bauer[10], auch mit einem Gastbeitrag in diesem Buch vertreten, hat 2012 ein Mammutwerk vorgelegt und interpretiert das Gegenüber von evangelikaler Bewegung und evangelischer Kirche als „Grundsatzkonflikt"[11]. Eine religionswissenschaftliche Orientierung kennzeichnet das 2017 erschienene „Handbuch Evangelikalismus"[12].

Hansjörg Hemminger und Michael Herbst hingegen versuchen, die Stärken und Schwächen der evangelikalen Bewegung differenziert, nicht unkritisch und zugleich wertschätzend darzustellen[13]. Jürgen Mette geht einen Schritt weiter. Er schreibt nicht von außen, nicht als mehr oder weniger wohlwollender Beobachter, sondern „von innen", als einer, der jahrelang an verantwortlichen Stellen in der evangelikalen Bewegung mitgearbeitet hat. Daher verbindet er auch viel Leidenschaft mit dem Thema: Die nüchterne Prosa wissenschaftlicher Erörterungen ist nicht sein Stil.

Treffsicher kann Jürgen Mette die evangelikale „Szene" in ihren unterschiedlichen Facetten darstellen: mit Wortwitz und Sprachspielen, liebevoll humorvoll bis ironisch, aber auch kritisch hinterfragend.

Jürgen Mette hat im „alten Tabor" unterrichtet, als manches dort noch anders war. Vieles hat sich verändert und auch Jürgen Mette ist nicht derselbe geblieben. Das macht es für mich als

---

9   Fritz Laubach, Aufbruch der Evangelikalen, Wuppertal 1972.

10   Siehe ihren Beitrag in diesem Band.

11   Gisa Bauer, Evangelikale Bewegung und evangelische Kirche in der Bundesrepublik Deutschland. Geschichte eines Grundsatzkonflikts (1945–1989), Göttingen 2012.

12   Frederik Elwert u. a. (Hg.), Handbuch Evangelikalismus, Bielefeld 2017.

13   Hansjörg Hemminger, evangelikal. Von Gotteskindern und Rechthabern, Gießen 2016; Michael Herbst, „My God is mighty to save". Was meinen wir eigentlich, wenn wir „evangelikal" sagen? DtPfBl 117 (2017), 432–435. 523–527.

einen seiner Nachfolger reizvoll, sein Buch mit einem Vorwort zu begleiten.

Sein Anliegen, als Brückenbauer auf der gemeinsamen Grundlage unterschiedliche Prägungen miteinander zu verbinden, hat mich sofort überzeugt – besonders angesprochen hat mich die Vision vom Miteinander der unterschiedlichen Strömungen der evangelikalen Bewegung[14].

Dann gibt es allerdings auch Stellen, da ist Jürgen Mette ganz und gar nicht Brückenbauer, da stellt er pointiert seine Position dar. Häufig hat das biografische Hintergründe. Jürgen Mette wendet sich gegen Positionen, die er im Rückblick als Engführungen sieht. Das klingt dann so: „Wir lebten ja in einem frommen und zum Teil weltabgewandten Mikrokosmos." – „Ich war selbst jahrelang auf diesem Trip eines idealisierten und harmonisierten Gemeindeverständnisses" – „… biografisches Protokoll eines transformierten Schriftverständnisses".

Seine persönlichen Erfahrungen sind eine wichtige Hilfe, diese „Transformationen" nachzuvollziehen – auch an den Stellen, an denen der Leser Jürgen Mette nicht folgen kann oder will. Vor allem zeigen diese Erfahrungen exemplarisch, dass Theologie nicht im luftleeren Raum getrieben wird, sondern sich in konkreten Situationen bewährt. Dazu gehört auch die Bereitschaft, nicht stur an überkommenen Positionen festzuhalten, sondern sie zu überdenken und weiterzuentwickeln. Schließlich gehört – frei nach Konrad Adenauer[15] –, das Recht klüger zu werden zu

---

14 So vor allem der Abschnitt „Warum die Kirche ihre beste Zeit noch vor sich hat", Kap. 6.4.

15 http://www.zeit.de/2008/51/Stimmts-Adenauerzitat (Zugriff: 28.03.2018).

den grundlegenden Menschenrechten. Jürgen Mette scheut sich nicht davon Gebrauch zu machen.

Er weiß an diesen Stellen, was er nicht (mehr) vertreten will, die neue Position ist noch stark von der Abgrenzung bestimmt. Gefahren sieht Jürgen Mette hier nicht durch zu viel Weite, sondern durch zu viel Enge. An diesen Stellen ist es wichtig, den Kontext der Argumentation im Blick zu behalten. In anderen Kontexten, etwa solchen, die durch eine bis zur Konturenlosigkeit und Beliebigkeit reichende Weite gekennzeichnet sind, können manche dieser „Lockerungen" kontraproduktiv wirken.

Im Vordergrund steht jedoch die mit dem Begriff „evangelikal" markierte Kontinuität. „Evangelikal" steht dabei nicht nur für die Zugehörigkeit zu einer Bewegung, sondern verweist auf einen tief in der Bibel verwurzelten Glauben, zu dem das Leben in christlicher Gemeinschaft untrennbar gehört. Dass „Gemeinschaft" nicht nur die eigene Gruppe umfasst, sondern die Zugehörigkeit zur größeren Gemeinschaft der Christenheit einschließt, ist eine wichtige Frucht der Erfahrungen von Jürgen Mette. Für dieses Anliegen wirbt er in seinem Buch – und dabei wünsche ich ihm gutes Gelingen.

Prof. Dr. Johannes Zimmermann
Professor für Praktische Theologie an der Evangelischen
Hochschule TABOR (Marburg/Lahn)

Persönliches Vorwort von Helmut Wöllenstein

Ich kenne Jürgen Mette seit fast fünfzig Jahren. Wir sind damals eine Superclique von Freunden in dem legendären EC-Jugendbund Martinhagen bei Kassel gewesen. Dann gründen wir die Musikgruppe „euangelion". Jürgen ist Dirigent, Frontmann und Solosänger mit einer bewundernswerten Bühnenpräsenz: einer, der nach vorne geht, die Initiative ergreift und das Mikro und dann auch noch etwas zu sagen hat. Jürgen kennt überall Leute und lernt schnell neue kennen. Er ist sehr kontaktfreudig, vergisst keine Namen, keine Geschichten, weiß immer, bei wem was zu holen ist und wen man wie einbinden kann: ein genialer Netzwerker. Wenn er vorne steht oder wir richtig ins Debattieren kommen, damals auch schon über heiße Themen, bezieht er Position. Er kann andere verstehen, auch die weit rechts und die weit links, ohne einverstanden zu sein. Wir erleben einen Aufbruch. Es ist einfach Musik drin in der evangelikalen Szene der Siebziger.

Etliche fangen an, Theologie zu studieren. Wir muten uns gegenseitig etwas zu. Was uns zusammenhält, ist die Freundschaft, ist die Freude an der Sache Jesu. Jürgen kommt, wie ich, aus einer frommen Familie. Aber das ist ein fröhlicher Pietismus, kein Angstpietismus. Nicht verkniffen, verdruckst und moralinsauer, sondern weltzugewandt, offen für Neues. Bibel lesen, diskutieren, singen, feiern, auftreten. Wir kommen aus Freikirchen, der SELK, der Landeskirche, aus landeskirchlichen Gemeinschaften, der katholischen Kirche – der Fokus ist Jesus. Ich habe selten danach eine so unbeschwerte Ökumene erlebt.

Dann gehen wir für Jahrzehnte verschiedene Wege, dienstlich und familiär, theologisch vielleicht gar nicht so weit voneinander entfernt. Als wir uns vor 15 Jahren in Marburg wiedertreffen, wird schnell deutlich: Irgendwie ist Jürgen ganz der Alte geblieben. Mit dieser großen menschlichen Weite und ebenso im geistlichen Kern. Das ist die Beziehung zu Christus, die Leidenschaft für die Bibel, verknüpft mit einer reformatorischen Hermeneutik, die den Verstand nicht an der Kirchentür abgibt und von der Heiligen Schrift das für wesentlich hält, „was Christum treibet". Eine Beziehung aus Respekt und Nähe. Exklusiv, aber gerade darin weit anschlussfähig.

Seine theologische Grundausbildung hat er noch im „alten Tabor" in Marburg erhalten, deshalb weiß er, wovon er spricht, wenn es um den Wandel der theologischen Ausbildung in evangelikalen Einrichtungen geht. Er hat ihn selbst erlebt, als Lernender und als Lehrender. Aber er blickt weit über den Tellerrand, kennt auch die US-amerikanische Szene, denn dort hat er studiert und bis heute gute Kontakte „über den Teich". Als Jugend- und Gemeindepastor konnte er sein evangelistisches Charisma entwickeln. Eine Rolle, die ihm auf den Leib geschnitten ist. Und dann diese sehr spezielle Herausforderung: die Leitung der „Marburger Blättermission". Die war wie so vieles „bei Kirchens" in die Jahre gekommen. Unter seiner Regie wird das Medienwerk eine Stiftung, ist nach wenigen Jahren kaum wiederzuerkennen. Äußerlich in einem für Marburg futuristisch anmutenden Glaspavillon, aber noch mehr im modernsten Energiekonzept, das ohne fossile Brennstoffe auskommt.

Da kommen für Jürgen alle seine Gaben zusammen: Leitung, Organisation, die Lust, etwas unternehmerisch hoch innovativ voranzubringen, Kontakte zu knüpfen, neue Reichweiten zu erschließen – ohne sich zu verabschieden vom missionarischen Auftrag und Selbstverständnis. Und mit der Möglichkeit, seine größte Gabe einzubringen, die Sprache: das Schreiben, Reden, Texten – was davon kann er eigentlich besser?

Dann kommt Parkinson. Eine echte „Prüfung"! Doch wenn jemand diese Prüfung bestehen kann, hat Jürgen Mette sie bestanden. Genau diese Krankheit ist für ihn die denkbar größte Anfechtung. Weil sie eigentlich Menschen scheu macht, verunsichert, Netzwerke aufreißt, weil sie Menschen dazu bringt, sich zu schämen. Doch bei ihm läuft es anders. Er kämpft, aber nicht nur medizinisch. Er schreibt, predigt, liest und talkt. Es gibt Sachen, die werden einem nur geglaubt, wenn man sie selbst erlebt hat. Wer als Verletzter schreibt, was Heil bedeutet, schreibt anders. Ein Verwundeter redet anders über Wunder. „Alles außer Mikado" wird ein Bestseller. Und Jürgen Mette hat ein neues Genre für sich entdeckt: das Buch. „Signieren statt resignieren" – ein unglaublich schönes Motto!

Und nun erscheint wie eine reife Frucht seiner Arbeit ein theologischer Gesamtentwurf. Nicht systematisch abstrakt, sondern situativ. Aus dem Dialog in den Dialog, aus dem Streit in den Streit. Eine lebendige, vibrierende Schrift. Themen in einem weiten Horizont. Aus der evangelikalen Bewegung in ihrer Vielfalt und aus den Kirchen. Frömmigkeit, Praxis und Theologie werden durchreflektiert. Viel Klartext. Kurze treffende Argumente. Bilder und Szenen, die man nicht mehr vergisst (Horst, der Straßenmissionar, der auch in meinem Elternhaus Station machte, hat einen himmlischen Oskar verdient!). Da gibt es feinen Humor, aber auch scharfe Satire. Man kann sich beim Blättern durchaus einen blutigen Finger holen an den karikierenden Zuspitzungen und muss doch sagen: Stimmt! Die Texte provozieren, atmen aber auch Freiheit. Mal weiß Jürgen Mette, dass man in die Knie gehen muss, um sich auf Augenhöhe zu begegnen. Er kennt die Lager, die Neigung der Evangelikalen, sich von wissenschaftlichen, kulturellen oder politischen Diskursen fernzuhalten, um dann medial oder evangelistisch im eigenen Milieu umso lauter aufzutreten. Ebenso den Habitus der sich vornehm und klug gebärdenden Großkirchen, die nach außen liberalistisch weichspülen, was sie eigentlich theologisch erkannt haben und für wichtig halten.

Ein streitbares, anregendes Buch, zu dem ich dem Autor in alter Verbundenheit gratuliere. Will es doch vor allem eins: zusammenbringen und überzeugen von der Sache Jesu. Jürgen Mette ist ein Brückenbauer. Das kostet Kraft und ist nicht immer eine dankbare Rolle. Man kann zwischen die Fronten geraten, von beiden Seiten missverstanden und im Stich gelassen werden. Man macht sich angreifbar. Doch wer das Buch genau liest, sieht, was das Anliegen ist, aus dem gerade die strittigen Themen wie Homosexualität oder Bibelverständnis in diesem Kontext entfaltet werden: Es geht ihm leidenschaftlich darum zusammenzuhalten, was auseinanderzufliegen droht. Vielfalt ist ja nicht nur bereichernd, sie kann auch zersplittern und schwächen.

Seit Jahren betreibt Jürgen Mette diese Mission, an der Basis, in persönlichen Gesprächen, aber auch bis in die Spitzengremien hinein: die „Pia-Desideria-Gespräche" in der Kurhessischen Landeskirche oder im Hauptvorstand der Deutschen Evangelischen

Allianz – wie auch mal eben im freundschaftlichen Chat mit EKD-Vertretern, die außerhalb des evangelikalen Schrebergartens säen und ernten. Ich bin sicher, wenn wir einmal vor Gottes Angesicht stehen, werden wir uns wundern, wie wir uns noch nie gewundert haben. Und allein dafür sollte es sich für uns lohnen, zusammen auf dem Weg.

Propst Helmut Wöllenstein ist Stellvertreter des Bischofs der Evangelischen Landeskirche Kurhessen-Waldeck für den Sprengel Waldeck-Marburg.

Der Autor muss verrückt sein

„Warum tust du dir das an?" So fragten mich einige meiner Kollegen, als ich sie für dieses Buchprojekt ins Vertrauen zog. Einer meiner engsten Berater sagte etwa so: „Für ‚Alles außer Mikado – Leben trotz Parkinson' wurdest du geliebt und gelobt, aber mit diesem Buch wirst du in bestimmten Kreisen Anstoß provozieren!" Richtig, ich möchte etwas anstoßen, eine lebhafte und lernbereite Streitkultur – und das in völlig friedlicher Absicht.

Inzwischen ist so viel passiert, dass das Thema noch mehr an Brisanz gewonnen hat. Ich bin nun freischaffender Senior mit Ruhestandsbezügen und fühle mich frei zu schreiben, was mir wichtig geworden ist[16].

---

16 Oder auf evangelikal-deutsch: „Was Gott mir aufs Herz gelegt hat." Klingt doch gleich überzeugender.

Dieses Buch ist ein Versuch der Verständigung zwischen
Protestanten und Katholiken,
Lutheranern und Baptisten,
Hochkirchlern und Pietisten,
Modernen und Romantikern,
Träumern und Pessimisten,
Pragmatikern und Idealisten,
Skeptikern und Enthusiasten,
Ökumenikern und Separatisten,
Charismatikern und Rationalisten,
Chancenspähern und Endzeitpropheten.

Oder um es mit dem neumodischen Begriffspaar auf den Punkt zu bringen, ein Versuch, die Exklusion zu überwinden und eine fröhlich werbende Inklusion der Jesus-Leute zu wecken.

Warum sollte sich eine immer mehr auseinanderstrebende und geistig obdachlose Gesellschaft für Jesus und die nach ihm benannte globale Körperschaft interessieren, wenn immer wieder einige ihrer Vertreter voneinander abrücken, statt um Gottes Willen eins zu sein und ihren Auftrag gemeinsam zu erfüllen?

Der Autor muss verrückt sein. Wie soll das gehen? Die Leute sagen, dass sei doch vergebliche Liebesmühe, denn erstens sei das Problem so alt wie die Kirche selbst und zweitens hätten das schon ganz andere versucht. Diese treuherzig stille und zuweilen kämpferisch laute und bunte Truppe lasse sich nicht zusammenhalten, so wurde mir warnend von der Idee dieses Buchs abgeraten.

Richtig, ich bin verrückt. Ich habe meinen Standort nur ein wenig ver-rückt, und schon sehe ich Chancen, wo bisher nur Blockaden waren. Ich erlebe zudem am eigenen Leibe die muskuläre Auffälligkeit einer neurodegenerativen Erkrankung, die Fehlsteuerung meiner Fortbewegung, die allmähliche Versteifung der Gelenke, das Zittern und Wanken des Leibes. Ich erlebe den Schaden einer sich selbst lähmenden Christenheit in doppelter Hinsicht „leiblich". So lasse ich das Gebeinhaus einer amputierten und sich selbst extrahierenden Kirche hinter mir und werbe für Verständnis und Verständigung. Die Gemeinde Jesu könnte ein Geburtshaus sein, ein Ort vitaler Lebensfreude, ein Refugium der Gnade und Barmherzigkeit. Denn getrennt und zergliedert verleugnen wir das Werk der Versöhnung und damit das Haupt der Kirche, Jesus Christus.

Wer bin ich?

Der „ver-rückte" Autor …

… ist ein friedliebender Christ, der nicht über den Zustand der Kirche lamentiert, sondern zuversichtlich zur Gesundung des Leibes namens Kirche beitragen möchte.

… hat seine kirchlichen Wurzeln in der SELK[17] und seine geistlichen Wurzeln im EC[18] und der Gnadauer Gemeinschaftsbewegung.

… ist Mitglied der Evangelischen Kirche von Kurhessen-Waldeck. Und das schon immer mit einer sympathisierenden Nähe zu den evangelikalen Freikirchen.

---

17 Selbstständige Evangelisch-Lutherische Kirche.

18 „Entschieden für Christus".

... denkt nicht daran, sich von der charismatischen Bewegung zu distanzieren, obwohl er mit enthusiastischer Frömmigkeit schon immer fremdelt.

... pflegt um Gottes willen Freundschaften mit Leuten, mit denen er eins in Christus ist, aber theologisch nicht zusammenkommt.

... streitet gern fair mit seinen Kritikern. Nie vor der Bühne, hin und wieder „on stage", auf der Bühne, aber am liebsten „backstage" hinter der Bühne.

Also kurzum: ein lutherisch getaufter, freikirchlich „konfirmierter"[19], freiheitsliebender, charismatisch-konservativer Protestpietist. Alles klar? Ein Mainstream-Evangelikaler. Meine Leserinnen und Leser wollen doch wissen, woran sie sind.

Dieses Buch bietet keine wissenschaftliche Abhandlung. Wer daran interessiert ist, wird von Gisa Bauer[20] und Hansjörg Hemminger[21] besser bedient. [22] Ich erforsche die Evangelikalen nicht aus der objektiven Distanz, ich erlebe sie subjektiv, weil ich ein Teil von ihnen bin. Darum der Untertitel: Eine biografisch-theologische Innenansicht. Ich doziere nicht, ich erzähle dankbar aus 50 Jahren Leben und Dienst im evangelikalen Milieu und frage kritisch nach.

Ach, bei der Gelegenheit noch etwas: Wer keinen Sinn für meinen selbstkritischen Humor hat, wird sich möglicherweise über mein Geschreib ärgern. Das wäre gesundheitsgefährdend.

---

19 Dort bekannt unter „Entlassung aus dem biblischen Unterricht".

20 Siehe Fußnote 11.

21 Siehe Fußnote 13.

22 Leider nicht mehr im Handel, aber sehr lesenswert: Stephan Holthaus, Die Evangelikalen, Johannis, Lahr 2007.

28

Ich serviere diese Lesekost mit einem entspannten und hintergründigen Augenzwinkern. Das erleichtert die Verdauung unpässlicher Passagen. Also, jetzt ist es noch Zeit, dieses Buch dem besten Feind unterzujubeln, es im Netz zu verhökern oder es auf dem nächsten Flohmarkt feilzubieten. Diese Lektüre eignet sich übrigens auch zur Steigerung des Blutdrucks. Zu Risiken und Nebenwirkungen frage man den Gründer der Kirche. Rezeptfrei! Weil ich keine Patentrezepte ausstelle. Ich will verstehen, prüfen und werben, ob am Ende die Schnittmenge um Jesus Christus nicht doch größer ist als das, was uns peripher trennt.

„Eure Liebe sei ohne Hintergedanken. Nennt das Böse beim Namen und werft euch dem Guten in die Arme. Liebt einander von Herzen wie Geschwister und übertrefft euch gegenseitig darin, einander Achtung zu erweisen."[23]

---

23 Paulus von Tarsus (56 n. Chr.) in einem Brief an die junge Christengemeinde in Rom (12,9-10).

2. Die Evangelikalen

Die Evangelikalen sind politisch eher Mitte-rechts, aber auch Mitte-links, progressiv und konservativ, aktiv und besinnlich, träge und eifrig, charismatisch und emotional unmusikalisch, landeskirchlich und freikirchlich, modern und nostalgisch. „Den" Evangelikalen gibt es nicht. Evangelikal ist eine Sammlung von „Jesus-first"-Gesinnten in den unterschiedlichen Kirchen und Freikirchen. Bundeskanzlerin Angela Merkel hat die Evangelikalen einmal als „intensiv evangelisch" bezeichnet. Wenn man so will, sind Evangelikale ambitionierte Qualitätschristen, die ihren Glauben ernst nehmen. Am liebsten habe ich sie ja, wenn sie querbeet durch alle Milieus miteinander singen. Da sind sie am besten genießbar. Singen und Musizieren zur Ehre Gottes ist Balsam für Entzündungen im Leib der Kirche. Die Oma meiner Frau sagte immer: „Kinder, singt viel, wenn ihr zusammenkommt, dann wird nicht so viel dummes Zeug geredet!" Eine kluge Frau. Auch evangelikal! „Generation Lobpreis" nennen Tobias Faix und Tobias Künkler die Evangelikalen in ihrer neuesten empirischen Studie über die Hochreligiösen.[24]

Was ist eigentlich evangelikal?

Im internationalen Kontext bedeutet „evangelikal" evangelisch, lutherisch, protestantisch. Im deutschsprachigen Raum versteht man unter „evangelikal" eine protestantische Erneuerungsbewegung, die aus dem englischen Methodismus, dem deutschen Pietismus und der Erweckungsbewegung des 18. Jahrhunderts hervorgegangen ist.

„Evangelisch" wurde im 18. Jahrhundert parallel zu „pietistisch" und „erwecklich" für einen ganzheitlich bekennenden Glauben aus dem Evangelium gebraucht, auch im Gegenüber zum dogmatisch kognitiv empfundenen Glauben der Orthodoxie.

Nach der Vereinigung der Reformierten und Lutheraner in der preußischen Union wurde „evangelisch" im 19. Jahrhundert verbindender Ausdruck der auf die Reformation gegründeten Kirchen und diente zur Unterscheidung von eher konfessionalistischen Kirchen.

In der öffentlichen Wahrnehmung erscheinen Evangelikale missionarisch, diakonisch, freigiebig, fleißig und manchmal auch ein wenig überheblich gegenüber anderen Frömmigkeitsprägungen. Wenn es nicht gerade um den Schutz des ungeborenen Lebens geht, sind sie die „Stillen im Lande": bibeltreu, bekenntnistreu, gebetstreu, wertetreu, diensttreu, spendentreu. Einfach nur treu. „Engagierte Protestanten im Aufbruch", so charakterisierte der baptistische Evangelikalismus-Experte Stephan Holthaus[25]

---

24 Generation Lobpreis und die Zukunft der Kirche, Tobias Faix und Tobias Künkler, Neukirchner Verlag, Neukirchen-Vluyn 2018.

25 Heute ist Prof. Dr. Stephan Holthaus Rektor der Freien Theologischen Hochschule Gießen. Siehe Fußnote 22.

die Evangelikalen. Das war vor zehn Jahren. Heute bringt es der baptistische Theologe und TV- und Hörfunkjournalist Andreas Malessa auf den Punkt:

„Wenn man die Presse verfolgt und auch die eigene evangelikale Presse, dann kommt man leider auf die Faustformel: Evangelikal – das bedeutet ‚Gott schuf die Welt in sechs Tagen‘, ‚Frauen gehören nicht auf die Kanzel‘ und ‚Kinder nicht in die Kita‘ und ‚Schwule nicht in die Kirche‘ und ‚Muslime nicht zu Deutschland‘. Das ist so ein holzschnittartiges Programm geworden, das aber nicht der evangelikalen Gemeindewirklichkeit entspricht.“[26]

Selbstbewusst fühlen sich die in der „Deutschen Evangelischen Allianz"[27] verbündeten Lutheraner, Pietisten, Baptisten, Methodisten, FeGler, Charismatiker und Pfingstler als diejenigen, die Gott und seinem Wort noch die Treue halten!

Die 1966 in der Dortmunder Westfalenhalle gegründete Bekenntnisbewegung „Kein anderes Evangelium" hat den anglo-amerikanischen Terminus „evangelical" übernommen, proklamiert und als Markenzeichen des konservativen Protestantismus eingeführt.

Der Lausanner Kongress für Weltevangelisation 1974 mit Billy Graham und John Stott schärfte das theologische Profil der Evangelikalen: ein am Evangelium orientierter gelebter Glaube in der theologischen Tradition der Reformation und der Erweckungsbewegung. Von dieser Zeit an etablierte sich langsam und stetig der Begriff „evangelikal".

---

26 Andreas Malessa im Interview, pro-Medienmagazin, 21.09.2015.

27 Die Evangelische Allianz in Deutschland ist ein evangelikales Netzwerk von evangelisch-reformatorisch gesinnten Christen aus verschiedenen Kirchen und Gemeinschaften.

In den Siebzigerjahren begann im Westen eine rasante Entwicklung evangelikaler Werke und Verbände, Arbeitskreise und Netzwerke, die nach der Wende auch auf den Osten des Landes überging. Das Allianzhaus in Bad Blankenburg wurde mit seiner legendären Allianzkonferenz wieder zum gesamtdeutschen Zentrum der Evangelikalen.

Und so zeigen sich die Evangelikalen:

- missionarisch/evangelistisch offensiv
- politisch eher defensiv – bis auf Lebensrechtsfragen
- theologisch konservativ
- apologetisch motiviert
- publizistisch progressiv
- und immer als verlässliche Freunde Israels

Die World Evangelical Alliance mit Sitz in New York vertritt nach eigenen Angaben 600 Millionen Christen in 129 Ländern. Andere Quellen sprechen von 330 Millionen[28]. 250 Millionen gehören zu evangelikalen Kirchen, die Mehrheit davon in der Dritten Welt und dort mit starkem Wachstum.[29]

Mehr als 40 Prozent der US-Amerikaner bezeichnen sich Gallup-Umfragen zufolge selbst als evangelikal.

In Deutschland verstehen sich eine knappe Million Protestanten als evangelikal, also 1,2 % der Bevölkerung, teils freikirchlich, teils landeskirchlich. Es bestehen 1.100 Ortsgruppen der Evangelischen Allianz, in der sich die evangelischen Gemeinden und

---

28 Status of global Christianity 2015, Wikipedia.

29 Werner Ustorf schätzt die Evangelikalen einschließlich der pfingstlerischen und charismatischen Kirchen auf „27,7 per cent of organised global Christianity".

Einrichtungen treffen, gemeinsam beten (z. B. in der Allianzgebetswoche) und gemeinsam arbeiten (z. B. bei evangelistischen
Initiativen).

Evangelikale verstehen sich vielerorts als geistliches Ferment
der Landeskirchen und zeigen eine hohe Motivation zur Mitarbeit. Die Aufgabe der äußeren Mission wird weltweit zum größten
Teil von evangelikalen deutschen Missionswerken mit knapp 3.000
Mitarbeitenden wahrgenommen. Bei evangelistischen Aktivitäten
sind evangelikal geprägte Protestanten die Schrittmacher. Und
das mit beachtlicher finanzieller Solidarität und Opferbereitschaft.

Die evangelikale Szene zeichnet sich durch eine beachtliche
Medienpräsenz aus, besonders durch den Nachrichtendienst
idea, den Christlichen Medienverbund KEP, ERF-Medien[30] und
ein beeindruckendes Verlagswesen, wie z. B. die Stiftung Christliche Medien[31].

Die evangelikalen Hochburgen formieren sich regional in den
einstigen Erweckungsgebieten des 19. Jahrhunderts. Landeskirchliche Gemeinschaften und freie Gemeinden bildeten sich
dort, wo die örtlichen Kirchengemeinden die Folgen der Erweckung nicht integrieren konnten oder nicht wollten. Regionale
Schwerpunkte bildeten sich z. B. in Württemberg und Sachsen –
da besonders im Erzgebirge und Vogtland, in Mittelfranken und
im Bergischen und Oberbergischen Land, Siegerland, Westerwald, Dillkreis, Mittelhessen und Ostwestfalen.

---

30 Sowohl der ERF als auch idea und KEP wären ohne den Pionier evangelikaler Publizistik,
    Horst Marquardt, nicht denkbar.

31 Zur Stiftung Christliche Medien bzw. SCM-Verlagsgruppe gehören die Firmen SCM Bun-
    des-Verlag, ICMedienhaus und der SCM Verlag mit den Marken SCM R.Brockhaus und
    SCM Hänssler sowie die Verlage Gerth Medien und adeo.

Im Rhein-Ruhr-Bereich waren es die Teerstegen-Konferenz, in Württemberg die Hofacker-Konferenz und in Baden die Henhöfer-Konferenz. Die beiden letzten firmieren heute als „Christustage", die zur Basis der evangelikalen Bewegung geworden sind.

„Sie sammeln sich um Bibel und Gebet und betonen die Notwendigkeit einer bewussten Glaubensentscheidung. Leben im Glauben bedeutet für sie gemeinsames missionarisches Zeugnis und soziales Engagement. Kritischen Anfragen an den christlichen Glauben und das kirchliche Bekenntnis stehen sie offen gegenüber, sind aber nicht bereit, beim Fragen stehen zu bleiben, sondern wollen zu konstruktiven Antworten kommen. Sowohl der ERF als auch idea und KEP wären ohne den Pionier evangelikaler Publizistik, Horst Marquardt, nicht denkbar. Sie halten an der Vertrauenswürdigkeit der Bibel und am Bekenntnis fest."[32]

Die Deutsche Evangelische Allianz bekennt sich als ein Netzwerk von Christen zu folgenden Überzeugungen:

- „Wir glauben an den dreieinen Gott, Vater, Sohn und Heiliger Geist. Er hat die Welt erschaffen, er liebt sie und erhält sie. Darin zeigt er seine Souveränität und Gnade.
- Der Mensch besitzt als Ebenbild Gottes eine unverwechselbare Würde. Er ist als Mann und Frau geschaffen. Er ist durch Sünde und Schuld von Gott getrennt.
- Jesus Christus, der Mensch gewordene Sohn Gottes, ist stellvertretend für alle Menschen gestorben. Sein Opfertod allein ist die Grundlage für die Vergebung von Schuld, für

---

[32] Definition der beiden früheren Allianz-Exvorsitzenden Fritz Laubach und Jürgen Werth.

die Befreiung von der Macht der Sünde und für den Freispruch in Gottes Gericht.

- Jesus Christus, durch Gott von den Toten auferweckt, ist der einzige Weg zu Gott. Der Mensch wird allein durch den Glauben an ihn durch Gottes Gnade gerecht gesprochen.
- Durch den Heiligen Geist erkennen Menschen Gott. Der Heilige Geist schafft durch die Wiedergeburt neues Leben und befähigt die Gläubigen, nach Gottes Willen zu leben. Er schenkt ihnen Gaben zum Dienen.
- Jesus Christus baut seine weltweite Gemeinde. Er beruft und befähigt die Gläubigen, das Evangelium zu verkündigen und liebevoll und gerecht zu handeln.
- Jesus Christus wird für alle sichtbar in Macht und Herrlichkeit wiederkommen, die Lebenden und die Toten richten und das Reich Gottes vollenden. Er wird einen neuen Himmel und eine neue Erde schaffen.
- Die Bibel, bestehend aus den Schriften des Alten und Neuen Testaments, ist Offenbarung des dreieinen Gottes. Sie ist von Gottes Geist eingegeben, zuverlässig und höchste Autorität in allen Fragen des Glaubens und der Lebensführung."[33]

Das signifikanteste Kennzeichen der Evangelikalen ist die Betonung der Notwendigkeit einer freiwilligen Glaubensentscheidung, durch die das Geschenk der Gnade bewusst angenommen wird. Nach diesem Bekehrungsereignis, das oft nach der Predigt mit einem Lied und einer Einladung, „nach vorn" oder „zum Kreuz" zu kommen, vollzogen wird, soll sich nach einem sogenannten

---

33 Glaubensbasis der Evangelischen Allianz vom 2. September 1846, 2018 überarbeitet.

Übergabegebet der Herrschaftswechsel vollziehen und sich unter dem Wirken des Heiligen Geistes eine dauerhafte Glaubensgewissheit einstellen. Das ist evangelikal!

Dass es auch ganz andere Wege zum Heil gibt, ist für manche schwer vorstellbar. Das paulinische Kriterium „Früchte des Geistes" reicht offenbar nicht, es muss schon an etwas Datierbares, Verortetes, an Anlässe und Personal Gebundenes sein. So wie sich eben Lutheraner auf das Taufdatum beziehen und dies mit Taufkerzen ritualisieren.

Etwas gewagt-vereinfacht dargestellt, reagieren die Evangelikalen auf den so wahrgenommenen volkskirchlichen Heilsautomatismus „getauft = gerettet" mit einem so wahrgenommenen Bekehrungsschematismus „bekehrt = gerettet". Unvergessen sind die sogenannten „vier geistlichen Gesetze" des internationalen Studentenmissionswerkes „Campus für Christus", wo anhand vier symbolischer Skizzen zur Lebensübergabe („das Ego fliegt vom Thron") der schematische „Methodismus" auf die Spitze getrieben wurde. Typisch evangelikal, geistliche Prozesse in einem kausalen „Wenn-dann-Schema" skizzenhaft darzustellen: „Wenn du jetzt in diesem (standardisierten) Gebet Jesus aufnimmst, bist du ein wiedergeborenes Gotteskind." Zweifelsohne hat diese Methode so manchen suchenden Menschen zum lebendigen Glauben geführt, darum wird dieser Ultracrashkurs des Glaubens bis heute segensreich angewendet. Das ist typisch evangelikal.

Heute differenziert sich die evangelikale Szene in drei Milieus:

A

Allianz-Evangelikale: auf Einheit und Integration bedachte Brückenbauer, inklusiv, theologisch differenziert, engagiert, in der missionarischen Praxis und im Gemeindebau experimentierfreudig. Sie sympathisieren und fremdeln gleichzeitig mit den C-Evangelikalen und mühen sich mit mäßigem Erfolg um Verständigung mit den B-Evangelikalen.

B

Bekenntnis-Evangelikale: missionarisch, verlässlich, standfest, bibelfest, verbindlich, hilfsbereit, nüchtern, traditionell, endzeitbesorgt, exklusiv, emotional eher etwas „unmusikalisch", viele Prediger (masc.!) im Ehrenamt, gewisse Pastoren- und Theologieskepsis. Anticharismatisch, antiökumenisch, besorgt um die Entwicklung der A- und C-Evangelikalen. Beeindruckendes Netzwerk von freien christlichen Schulen. Dieser „rechte" Flügel ist mit dem Zuzug vieler russlanddeutscher Christen ein stark wachsender.

C

„Charismatisch" Evangelikale: Mitten in der Gesellschaft, emotional „musikalisch", prophetisch, inspiriert, missionarisch, mutig, empathisch, ein Herz für die Elenden und Heilungsglauben für die Kranken. Große Gemeinden. Mancherorts theologisch etwas diffus, aber immer feurig. Kompatibel mit den Erneuerungsbewegungen der römisch-katholischen Kirche. Es bestehen kaum Schnittmengen mit den B-Evangelikalen, dafür aber zunehmende Kontakte zu den A-Evangelikalen.

Zwischen A- und C-Milieus ist Vertrauen gewachsen. Genau aus diesem Grund zieren sich die B-Evangelikalen, mit den A- und C-Evangelikalen zu koalieren. Der Hauptvorstand der Deutschen

Evangelischen Allianz[34] setzt sich im Wesentlichen aus A-Evangelikalen zusammen, aber in den letzten Jahren wurden gezielt Vertreterinnen und Vertreter aus dem Pool der C-Evangelikalen und ebenso Vertreter aus dem Lager der B-Evangelikalen berufen. Die Grenzen zwischen den Lagern sind fließend. Dabei verbündet sich Typ B leichter mit Typ A als mit Typ C.

Die drei evangelikalen Ströme behindern sich oft gegenseitig und bleiben darum in der öffentlichen Wahrnehmung weitgehend harmlos. Von außen betrachtet wirkt das reichhaltig, von innen betrachtet täuscht nichts darüber hinweg, dass eben in dieser Differenzierung auch eine gewisse Schwäche der evangelikalen Bewegung liegt. Obwohl sich weitaus mehr Einheit als vor fünfzig Jahren ereignet, multiplizieren sich die drei Zuflüsse nicht genug zu einem „Mainstream", einer überzeugenden Bewässerung des trockenen Bodens, sondern sie dividieren sich in viele mehr oder weniger kräftige Rinnsale individueller Frömmigkeit, die den geistlichen Wasserstand flächendeckend kaum zu heben vermögen. Die evangelikale Landschaft gleicht zunehmend einem immer größer werdenden Reservat unabhängig voneinander existierender Biotope. Es wächst und gedeiht vielfältig, die Frösche quaken zu Zeit und Unzeit, aber es entsteht kein Meer, auf dem man hinausrudern könnte zu den „Boat-People" unserer Zeit. Noch sind die Stimmen der auf Separation Bedachten lauter, aber die Sehnsucht nach Einheit und Multiplikation wächst.

Vom 25.–27. Juni 2018 kamen in Kirchheim/Hessen Verantwortliche aus vielen verfassten Kirchen und Freikirchen sowie

---

34 Künftig mit DEA abgekürzt.

aus christlichen Gemeinschaften, Bewegungen und Netzwerken zusammen. Der Christliche Convent Deutschland (CCD) versteht sich als ein ergänzendes christliches Forum zu den bereits etablierten ökumenischen Strukturen und Zusammenschlüssen in Deutschland. Ein hoffnungsvolles Signal unter dem Motto „Kommt zusammen und bezeugt mich gemeinsam".

Wenn diese drei Ströme, Allianz-, Bekenntnis- und charismatische Evangelikale, weiter das Ziel verfolgen, dass sich ihr geistliches Potenzial segensreich auf die Gesamtheit der Gemeinde Jesu in Deutschland auswirkt, dann brauchen wir wieder mehr Vertrauensvorschuss untereinander, mehr Freude am Experiment um Jesu und der Menschen willen, die noch nicht in ihm heimisch geworden sind.

Inzwischen tut sich mit Johannes Hartl vom Gebetshaus Augsburg ein weiteres evangelikales Milieu auf, das sich charismatisch und zugleich römisch-katholisch versteht und die drei oben genannten Milieus A, B und C quer durchläuft. Theologisch konservativ wie die B-Evangelikalen, charismatisch wie die C-Evangelikalen, aber so was von katholisch, dass selbst die Allianzevangelikalen nicht so richtig wissen, wo diese Reise hingeht. Hartl hat aus dem Stand heraus 10.000 Teilnehmer für seine „Mehr"-Konferenz auf die Beine gebracht. Es fällt auf, dass der ganze Auftritt zentral auf seine Person zugeschnitten ist.

Diese Bewegung bricht das Lagerdenken auf. Das allein ist schon aufregend gut.

Bis hierher habe ich distanziert beobachtend geschrieben. Da jeder weiß, dass ich ein Evangelikaler bin, wechsele ich ins „wir", denn ich bin Teil dessen, was ich beklage und gleichzeitig bewundere.

Wenn es uns nicht gelingt, diese lähmende Gefahr der Flügelkämpfe zu erkennen und zu überwinden, werden die Evangelikalen keinen neuen Aufbruch initiieren können, weil das geistlich so wertvolle Potenzial engagierter Christen zu sehr mit sich selbst beschäftigt bleibt.

Das provokante Urteil des Schweizer Religionswissenschaftlers Georg Schmid über den fundamentalistisch-evangelikalen Flügel der Kirche provoziert heftig, gibt aber viel zu denken.

„Das vehemente Zeugnis fundamentalistischer Frömmigkeit schafft sich hier für jeden Freund, den es gewinnt, mindestens einen Feind, der diese Art des Glaubens von nun an entweder flieht oder bekämpft.“[35]

Über die Zahlen kann man streiten, aber kennen wir nicht selbst dieses Gefühl, dass unsere Freunde außerhalb der Gemeinde gar nichts gegen Gott, Glaube und Kirche haben? Sie sind eigentlich nur verunsichert über das, was man über die Evangelikalen alles so hört und liest.

Die Evangelikalen in Deutschland waren bisher politisch nicht zu fürchten (anders als in den USA), weil sie als die „Stillen im Lande" politisch nicht geübt sind und erst in den Anfängen einer Lobbyarbeit stecken[36]. In Fragen des Lebensrechts und der Familienpolitik ist die evangelikale Stimme hörbar, freilich noch längst nicht laut genug. Die Gespräche der DEA haben wesentlich zu dem Embryonenschutzgesetz geführt. Eine viel beachtete Stellungnahme zu Fragen der Arbeitslosigkeit, zum Islam und

35 Schmid, G. (1992): Im Dschungel der neuen Religiosität, Kreuz, Stuttgart.

36 Die von Wolfgang Baake aufgebaute Vertretung der Evangelikalen am Sitz der Bundesregierung wird von Uwe Heimowski als Beauftragter der Deutschen Evangelischen Allianz weitergeführt.

das Thema Ökologie sind durch die von der DEA initiierte und inzwischen eigenständige Micha-Initiative gut aufgehoben. In wirtschaftsethischen oder friedenspolitischen Herausforderungen wirken wir eher sprachlos. Offensichtlich prägen Verlautbarungen immer weniger unser Image. Es sind mehr die Persönlichkeiten, die die Verlautbarungen verkörpern, sie haben Prägungskraft.

Man muss davon ausgehen, dass unter Evangelikalen auch Sympathie für die AfD gehegt wird. Und damit wären die Evangelikalen doch politisch, und zwar in der trotzigen Sympathie für und gleichzeitig in einer entschiedenen Absage an die AfD[37].

Andreas Malessa, Autor des Buches „Als Christen die AfD unterstützen?"[38], sagte in einem Interview des Medienmagazins pro: *„Alle evangelikal-pietistischen kirchenleitenden und gemeindebundleitenden Gremien haben im Herbst 2015 unisono und eindeutig zu einer von biblischer Ethik her gebotenen Flüchtlingshilfe aufgerufen. Die AEM (Arbeitsgemeinschaft Evangelikaler Missionen), die DEA, VEF (Vereinigung Evangelischer Freikirchen) usw. Oben, auf der Bischofsebene, ist die Nummer klar. An der Basis ist die Nummer auch klar. Und dazwischen? Da wollen uns einige ultrakonservative AfD-Sympathisanten weismachen, alle „wahren Christen" seien enttäuscht von den etablierten Parteien. Das ist nicht so."*[39]

Im Jahre 2004 hat die DEA zur Entfachung eines neuen Bewusstseins für die Einheit der Christen eine aufwendig organisierte,

---

37 Ich empfehle dazu Bednarz, Liane: „Die Angstprediger. Wie rechte Christen Gesellschaft und Kirche unterwandern", Droemer, München 2018.

38 Brendow, 2017.

39 Pro-Medienmagazin, 24.05.2017.

inhaltlich hochwertige, aber leider ziemlich zäh angenommene Kampagne unter dem Motto EINS gestartet. Damals ist ernüchternd offenbar geworden, dass die Evangelikalen den Prozess von einer Bekenntnisbewegung zu einer bekennenden Bewegung noch nicht geschafft haben. Die Bekenntnisbewegung der Siebzigerjahre hatte eine deutliche Frontstellung zur damals sogenannten „liberalen Theologie" und war darum vorrangig apologetisch aufgestellt. Nicht dass es künftig keinen Bedarf mehr an theologischer Auseinandersetzung geben würde. Aber die Herausforderungen in den nächsten zwanzig Jahren werden mehr in einem sich gegenseitig aufbauenden und kreativen Dialog mit den evangelischen Landeskirchen und zunehmend auch im theologischen Diskurs mit der römisch-katholischen Kirche liegen. Und wir werden den Dialog mit den Religionen nicht denen überlassen dürfen, die selbst schon keine biblisch begründete Position mehr vertreten.

Während sich diese großen Herausforderungen einer gelebten Einheit am Horizont abzeichnen, während unsere Generation zunehmend offen für spirituelle Erfahrungen und die Wiederentdeckung christlicher Werte ist, leidet ein Teil der evangelikalen Bewegung an einer Gehbehinderung mit schwerwiegenden Folgen. Und das ist keine Frage des Alters. Die „Füße der Freudenboten"[40] sind nicht immer „lieblich" und „die Knie sind müde geworden"[41]. Um beim Bild des Leibes Christi zu bleiben, leidet die evangelikale Bewegung an altersbedingtem Gelenkverschleiß. Die Kontaktschäden lähmen den evangelikalen Organismus zu

---

40 Jes. 52,7.

41 Hebr. 12,12.

einer Zeit, wo er höchst beweglich sein müsste, um sich der Herausforderung der erneuten Evangelisierung Europas stellen zu können. Stattdessen formieren sich immer wieder neue Bekenntnisinitiativen zur Sammlung und Ausrüstung des konservativen Protestantismus. Statt sich in den bereits bestehenden Strukturen gegenseitig zu inspirieren und zu erneuern, werden immer wieder neue Protestzirkel etabliert. Sie kommen und sie gehen. Wir spalten uns bis zur Harmlosigkeit, wir bleiben gesellschaftlich kaum noch wahrnehmbar.

Ich gehöre als ein der Reformation und dem Pietismus verpflichteter Christ zu den Evangelikalen, wie man die konservativen Protestanten nennt, aber dieses Label wirft so viele Fragen auf. Der Begriff ist derart ideologisch befrachtet, so politisch kontaminiert und theologisch entkernt, dass man diese Bezeichnung vorerst abschaffen sollte. Wenigstens bei uns in Deutschland, Schweiz und Österreich, nicht in der anglophilen Welt, da bedeutet nämlich evangelikal bisher schlicht und einfach „evangelisch". Mir reicht es jedenfalls, evangelisch zu sein, am Evangelium von Jesus Christus orientiert. Denn inzwischen muss man als Evangelikaler erklären, was Evangelikale nicht sind. Höchste Zeit für einen Qualitätscheck. Andreas Malessa konstatiert: „Der Begriff evangelikal ist unter die Räuber gefallen."[42]

Wir erleben im neuen Jahrtausend, wie sich individuelle Herzensfrömmigkeit und kirchliche Ordnung entfremden. Nicht wenige Bereiche der evangelikalen Bewegung sind derzeit im Aufbruch und prosperieren mit zunehmender Distanz zur Mutterkirche munter und experimentierfreudig zu einem neuen

---

42 Pro-Medienmagazin, 21.09.2015.

Typus von einladender Kirche[43], andere wiederum stagnieren und resignieren: Sie waren mal „Bewegung". Nun fordern sie wehmütig „biblische" Gemeindebaustrukturen, hoffen auf eine Reproduktion urgemeindlicher Verhältnisse und überlassen die gute alte Volkskirche sich selbst. Der Pietismus trägt in sich eine Tendenz zur Separation. Oder er bewährt sich im positiven Sinne als Wiege neuen geistlichen Lebens und bereichert so den Gesamtleib der christlichen Kirchen.

Gisa Bauer, die wissenschaftliche Expertin für den Evangelikalismus in Deutschland, hat „evangelikal" mit drei Qualitäten markiert: Protest, Pluralismus und Potenzial. Treffender kann man die Lage der Evangelikalen nicht beschreiben: **Eine Protestbewegung leidet am Pluralismus und verliert ihr Potenzial oder sie gedeiht in ihrer Pluralität und entfaltet damit ihr ganzes Potenzial.**

Warum ich trotzdem (gern) ein Evangelikaler bin

Weil ich meine Kinderstube nicht verleugnen kann. Nach 40 Jahren Mitarbeit und Leitungsverantwortung im evangelikalen Non-Profit-Bereich bin ich immer noch gern (!) ein Evangelikaler, allerdings ernüchtert und zunehmend bedrückt. Der vehemente Kampf um das „rechte" Bibelverständnis hat nicht nur unser Image nach außen, sondern unsere Beziehungen untereinander

---

43 Wie z. B. die schnell wachsenden ICF-Gemeinden – inzwischen 28 in D, die sich ohne strukturelle Bindung an etablierte Kirchen, Freikirchen oder Verbände frei entfalten.

schwer belastet. Ich schäme mich immer häufiger, zu den Evangelikalen zu gehören. Und es werden immer mehr, die sich damit nicht abfinden wollen.

Meine Eltern waren die ersten Evangelikalen, die ich kennengelernt habe. Sie gehörten zu denen, die „mit Ernst Christen sein wollten"[44]. Mein Vater stand jeden Morgen um fünf Uhr auf, nahm sich eine halbe Stunde Zeit für eine Andacht, Bibellese und Gebet. Danach fuhr er mit dem Fahrrad in seinen Zimmereibetrieb und bereitete den Arbeitstag vor, bis um sieben Uhr die Gesellen kamen. Unsere Eltern machten nicht viele fromme Worte. Sie lebten ihren Glauben, indem sie immer um das Wohl ihrer Belegschaft und die Zufriedenheit ihrer Kunden bemüht waren. Gute Qualität für faire Preise, das war ihr Gottesdienst. Sie lebten trotz ihrer langen Arbeitstage nach Mt. 6,33: „Trachtet zuerst nach dem Reich Gottes." Oft waren wir Söhne ungeduldig, wenn Vater größere Investitionen zurückstellte, weil irgendein Missionswerk dringend um Spenden gebeten hatte. Dann war er sich mit Mutter einig, zuerst eine größere Spende zu überweisen. Gott hat diese Treue gesegnet und bestätigt. Meinen Eltern war es ein großes Anliegen, dass Menschen von Jesus erfahren. Das hatte immer Vorrang. Dafür war auch immer Geld da. Typisch evangelikal!

Die Motivation und das spirituelle Futter für diese engagierte Frömmigkeit holten sie sich damals beim Missionswerk „Neues Leben" im Westerwald, bei den Kanadiern von „Wort des Lebens", die bis heute in der Seeburg und im Jugendschloss am Starnberger See eine vorbildliche Kinder- und Jugendarbeit betreiben, bei

---

44 Martin Luther.

der Parschauer-Sippe in Kalkar am Niederrhein[45], beim Evangeliumsrundfunk in Wetzlar, für dessen zwar erbauliche, aber von heftigen Frequenzstörungen verzerrte Kurzwellensendungen unsere Eltern eigens einen Rundfunkempfänger angeschafft hatten – und zwar nur dafür. Typisch evangelikal.

Reisende Evangelisten wurden immer herzlich aufgenommen. Die einfachsten und schlichtesten unter ihnen wurden am besten versorgt. Hier ein Beispiel von vielen:

Ich muss etwa zehn Jahre alt gewesen sein, als ich auf dem Heimweg von der Dorfschule diesen auffälligen Kleinbus vor unserem Haus stehen sah. Am liebsten wäre ich wieder zurück zur Schule gegangen. Ich kannte den Typ, er machte jedes Jahr einmal Station bei uns. Der Bus war mit frommen Aufklebern in Deutsch, Englisch, Französisch, Spanisch und Italienisch beklebt, nur noch die Fenster des gelben VW-Transporters waren frei. Überall plakative Parolen wie „Gerade du brauchst Jesus" oder „Ein halber Christ ist ein ganzer Unsinn!". Über der Frontschreibe stand in großen Lettern: „Autobahnmission". Die Windschutzscheibe wies eine stattliche Zahl von Aufklebern und Vignetten auf, die darüber Auskunft gaben, dass dieser „Holy King of the Road" tatsächlich zwischen Gibraltar und Nordkap unterwegs war, um auf Autobahnraststätten ambulant „Zeugnis abzulegen". Dieses Vehikel war vollgestopft mit christlicher Literatur, Bibeln in allen Sprachen, Broschüren, Flyern, Karten. Mitten zwischen der Papierware befand sich eine improvisierte Bettstelle.

Und dann der Straßenmissionar. Ein großer, aber auffällig dünner Mann mit hervorstehenden Backenknochen, tief liegenden

---

45 Später „Bibelschule Brake" in Lemgo.

dunklen Augen und großen Füßen. Der zu groß dimensionierte braune Anzug hing an ihm herunter. Der großzügige Vorbesitzer musste fülligeren Formats gewesen sein. Das graue strähnige Haar wurde von einer überdimensionalen Baskenmütze bedeckt, die mehrere Sticker trug. Es war eher solch ein klerikales Barett, wie es die Pfarrer auf verregneten Friedhöfen tragen.

Meine Eltern nahmen diesen schlichten Asphaltevangelisten immer wieder gern für ein paar Tage auf, da konnte er ein Wannenbad nehmen und sich sprichwörtlich ins frisch gemachte Bett setzen. Er durfte auf Rechnung unserer Firma volltanken, bekam eine kräftige Spende, frische Wäsche und Lebensmittel mit auf die nächste Tour. Und abends erzählte er von seinen Reisen. Meine Eltern hingen ihm an den Lippen. Er kannte sie alle, die prägenden Brüder der Szene: Heinrich Kemner, Anton Schulte, Wilhelm und Johannes Busch, Gerhard Bergmann, Kurt Heimbucher, Friedrich Heitmüller, Paul Deitenbeck und die Janz-Brüder. Alles Männer, aber er nannte auch zwei Frauen, nämlich die Holländerin Corrie ten Boom, die in der NS-Zeit Juden aufgenommen und versteckt hat, und Bertha Isselmann von der Südost-Europa Mission, der legendären Klavierlehrerin und Straßenmissionarin, die immer mit vielen Taschen und Einkaufstüten unterwegs war.

Der Horst war treu wie Gold. Ein unerschrockener Zeuge Jesu. Ein wenig schräg, aber in der Bibel zu Hause. Er hatte Schriften wider die Evolutionstheorie an Bord, Pamphlete wider die Rockmusik, gegen die sogenannte moderne Theologie und dass Sex in die Ehe gehört. Horst selbst war begreiflicherweise ledig. Er lebte ja automobil, nicht sesshaft.

Und zwischendurch attackierte er „diesen Bultmann aus Marburg", der wohl der schlimmste Feind Gottes gewesen sein muss.

Ich hatte den Namen schon in unseren Hausbibelstunden gehört. Aber keiner wusste, warum der gefährlich sein sollte. Der Autobahnapostel wusste es auch nicht so richtig. Jedenfalls habe ich aus seinem Mund zum ersten Mal das Stichwort „liberale Theologie" gehört. Das musste was ganz Schlimmes sein.

Am anderen Morgen war er bald wieder auf den Beinen, um in den monetär ergiebigeren Dillkreis und ins Siegerland zu reisen, wo er auch viele Freunde und Unterstützer hatte.

Er ist inzwischen längst auf himmlischen goldenen Gassen unterwegs. Ein treuer Gottesmann, der für seinen Glauben durchs Feuer gegangen wäre und die Menschen vor der ewigen Verdammnis bewahren wollte.

Aber wenn ich heute in den Fußgängerzonen unserer Städte überambitionierte Gerichtsprediger sehe, suche ich den Fluchtweg, um nicht noch Opfer eines Instant-Bekehrungsversuches zu werden. Dabei erwähne ich gern, dass es auch richtig gute Originale dieser mutigen Zunft gibt.[46]

Warum ich das erzähle?

1989 bat mich einer meiner Professoren an der Trinity Evangelical Divinity School[47] beim „Tschörmen Stammtisch" – einem Lunch mit deutschsprachigen Professoren und Studenten, ich solle mir mal einen typischen deutschen Evangelikalen vorstellen und ihn beschreiben. Und dann habe ich ihnen von meiner elterlichen Prägung erzählt, von dem Fundament meines Lebens, von der Liebe, wie sie uns die Bibel geradezu ans Herz gelegt haben. Und dann fiel mir auch der Horst von der Autobahn ein: eine

---

46 Zum Beispiel der Open-Air-Bekenntnis-Kreativist und Musiker Arno Backhaus.

47 Heute Trinity International University in Deerfield/Illinois.

treue Seele, bibeltreu, bekenntnistreu, nicht allzu dialogfähig, wissenschaftsskeptisch, kirchenkritisch, argumentativ sattelfest – solange man ihm nicht in die Quere kam. Urvater aller Liebhaber von frommen Autoaufklebern. Aber ein Mann mit einem weiten Herzen für die Verlorenen und erfüllt von „glühender Retterliebe"[48]. Das war die Geisteshaltung, die dann später „evangelikal" genannt wurde.

In meiner Kindheit gab es den Begriff „evangelikal" nicht. Aber wir wussten damals schon, dass wir die besseren Nachfolger Jesu waren, den normalen Kirchenleuten um Längen voraus. Wir hatten den „rechten" Glauben.

Wir wollten treu sein. Aber wir waren trotz aller guten Vorsätze untreu. Und Untreue war eine schwerwiegende Last für mein zartes Gewissen. Ich war von Kindheit an in Sorge, nicht treu genug zu sein, nicht treu meine Bibel zu lesen, nicht treu Zeugnis von Jesus „abzulegen", so wie wir das damals nannten. Ich hatte deswegen ein permanent schlechtes Gewissen.

Ich habe keinen Grund, mich meiner Herkunft zu schämen. Unsere Eltern haben uns ein engagiertes und weltoffenes Christsein überzeugend vorgelebt. Sobald wir lesen konnten, saßen wir in den Bibelstunden unseres Elternhauses. Es waren nur ein paar alte Frauen, die sich „unter das Wort" einladen ließen. Meine Mutter begleitete die Lieder[49] am Harmonium. Außer meinem

---

48 So lautet der Titel eines Buches von Oswald J. Smith (Gründer und Seniorpastor der „Peoples Church" Toronto), der in den Siebzigerjahren ähnlich starken Einfluss auf die Evangelikalen genommen hat, wie später etwa Bill Hybels.

49 Überwiegend aus „Jesu Name" Band 1, ein von Friedrich Hänssler und Wolfgang Heiner herausgegebenes Gesangbuch mit übersetzten Titeln der angloamerikanischen Erweckungsbewegung und deutschen Kirchenchorälen. Zurzeit erleben diese Klassiker eine Renaissance, auch wenn die Texte zuweilen mühsam übersetzt und sperrig wirken.

Vater kam nur ein älterer Mann, ein verwitweter Schuhmacher, der sich als einziger im Dorf in einer Zeltevangelisation bekehrt hatte. Er war immer treu dabei. Wir waren eine exotische Minderheit. Belächelt und gleichsam geschätzt. Die diakonische Lebenshaltung meiner Eltern ließ allerdings keine nach innen gekehrte Frömmelei aufkommen.

Ich war von Kindheit an auf die kleine und feine Herde programmiert. Ich war nie bei der Mehrheit, immer beim treuen Rest. Und irgendwann wusste ich, dass alle anderen außerhalb unserer kleinen Hausgemeinde auf dem falschen Weg waren.

3. Diagnose

Bevor die Kirche aus der Gnade lebt und diese Gnade proklamiert und praktiziert, muss sie die Gnadenlosigkeit in den eignen Reihen durch Gnade überwinden und gesund werden. Das ist meine Ambition und Motivation. Die Diagnose des Patienten Kirche ist ernüchternd, aber sie treibt an.

Das erklärt die Notwendigkeit (Not abwendende Wendigkeit) dieses Buches: den kardiologischen und orthopädischen Befund einer chronisch hartleibigen Kirche zu erkennen und zur Gesundung des Leibes Christi beizutragen. Das Not-wendende Heilmittel heißt Gnade und Versöhnung. Wo Jesus Christus ist, da ist immer Gnade.

Wer sich auf Jesus beruft, wird sich nie mit einer kränkelnden und schwächelnden Kirche abfinden, der wird an der Amputation des Leibes leiden und sich partout nicht mit der Separation der Glieder untereinander abfinden.

Mit Kirche meine ich übrigens immer die Gesamtheit der Jesus-Leute. Sowohl universal wie auch partikular.

Eine „orthopädische" Diagnose

Die evangelikale Szene kränkelt. Nicht akut, eher chronisch. Und das sogar von Anfang an. Der Leib ist infiziert, deformiert, amputiert und separiert. Dieser Organismus ist reif für eine Rehabilitation, für die Wiederherstellung der ursprünglichen Idee.[50] Befund: Kontaktschäden der Gelenke, ekklesiogene[51] Arthrose, vom Zeitgeist lebensbedrohlich infiziert, von Herzrhythmusstörungen geplagt, gehbehindert auf dem Weg zueinander und zu den Menschen draußen.

Die Kirche in ihrer Gesamtheit liegt auf der Intensivstation und hängt wirtschaftlich – zumindest in Deutschland – an der Infusion namens Kirchensteuer, der freikirchliche Teil am Tropf der Spender, die den Hahn zudrehen, wenn ihnen die politische oder theologische Ausrichtung missfällt. Das ist den Landeskirchen auch nicht fremd.

Aber diese Diagnose ist – Gott sei Dank! – nur eine Momentaufnahme, ein kleiner Ausschnitt aus der jungen Kirchengeschichte und dies auch nur im satten Mitteleuropa.

Denn dieser bedrückenden partikularen Diagnose steht die universale und ungemein hoffnungsgeladene Perspektive von Kirche gegenüber; sie leibt und lebt, sie gedeiht weltweit, weil Christus das Haupt der Kirche ist. *Ecclesia semper reformanda!*[52] Die Kirche muss immer reformiert werden. Und diese Reformation beginnt bei dir und mir oder sie fällt aus.

---

50 Apg. 2,42-47.

51 Kirchlich oder religiös verursachte Störungen, z. B. „ekklesiogene Neurosen".

52 Die Formel „*ecclesia semper reformanda*" stammt vermutlich von Jodocus van Lodenstein (1620–1677), gibt aber inhaltlich ein zentrales Anliegen der Reformation wieder.

Dieses Buch appelliert nicht an die Kirchen, Institutionen, Synoden. Es richtet sich an solche, die die Kirche nicht von ihrem Fallobst[53] her beurteilen, sondern ihre guten Früchte schätzen.

Die Landeskirchen sind an jedem kleinsten Ort flächendeckend präsent, wenigstens mit einem mehr oder weniger intakten Sakralbau[54], wenn auch längst nicht mehr personell. Sie sind in den politischen Grenzen der Fürstentümer aus der Reformation hervorgegangen.

Diese starke Verbindung von Staat und Kirche[55] hat über Jahrhunderte mehr oder weniger erfolgreich, aber immer folgenreich funktioniert. Die Kirche stand unter dem Schutz der politischen Führung und die politische Führung wurde seitens der Kirche mehr geschont als korrigiert.

Der „Leib Christi" leidet von Anfang an Amputationen, die chronische Phantomschmerzen verursachen können. Der Prophet Hesekiel beschreibt diesen hoffnungslosen Zustand – auf Israel bezogen – in einem Bild voller Leichname und getrennter Gliedmaßen, die zerstreut herumliegen und wie durch ein Wunder zu einem vitalen und geheilten Leib zusammengefügt werden[56].

---

53 Ich liebe dieses von Christoph Morgner geprägte Bild.

54 Zustand kirchlicher Bausubstanz im Ost-West-Gefälle/Nord-Süd-Gefälle.

55 Man bedenke zum Beispiel, dass eine generelle Vorschrift über das Meldewesen erstmals mit der Ministerialverordnung vom 15. Februar 1857 RGBl. Nr. 33 erlassen wurde. Bis dahin wurde das Meldewesen in den Pfarrhäusern verwaltet, und zwar in Form von Taufregistern. Kommunisten, Atheisten, Baptisten u. a. kamen in diesen Registern schlichtweg nicht vor.

56 Hesekiel 37,1-5: „Die Hand des HERRN kam über mich, und er führte mich im Geist des HERRN hinaus und ließ mich nieder mitten im Tal; und dieses war voller Gebeine. Und er führte mich ringsherum an ihnen vorüber; und siehe, es waren sehr viele auf der Fläche des

Der Verlauf der Kirchengeschichte ist nie linear als permanentes Gefälle zu skizzieren, sondern immer im Auf und Ab. Phasen der Orthodoxie wurden immer wieder durch Erweckungs- und Erneuerungsbewegungen unterbrochen. Die einen haben die Erweckung herbeigesehnt, die anderen haben sie bekämpft. In jedem Fall haben diese geistlichen Aufbrüche immer für Scheidung gesorgt, für Entscheidung, für Unterscheidung. Das kennzeichnet jede Erneuerungsbewegung, bis heute. Da wurde mit dem „allgemeinen Priestertum aller Gläubigen" richtig ernst gemacht. Die Erweckten waren in der Bibel zu Hause. Jeder konnte zur geistlichen Versorgung der kleinen Herde beitragen. Handwerker und Bauern wurden zu Predigern. Das war eine Provokation des klerikalen Amtsverständnisses in den Landeskirchen.

Andererseits haben die Erweckten sendungsbewusste geistliche Leiter hervorgebracht, die nicht selten ihr eigenes Ding durchziehen wollten und damit einer latenten Separation und Exklusivität Vorschub geleistet haben.

Diese „Fischzüge" der Volksmission brachten allerdings auch manchen „Beifang" an Bord des Schiffes, das sich Gemeinde nennt:

- Eine Neigung zur euphorischen Frömmigkeit.
- Eine Wiedertaufpraxis, die sich aus der entschiedenen Ablehnung der Kindertaufe ergab.
- Eine akzentuierte Eschatologie.

Tales, und siehe, sie waren sehr vertrocknet. Und er sprach zu mir: Menschensohn, werden diese Gebeine wieder lebendig? Und ich sagte: Herr, HERR, du weißt es. Da sprach er zu mir: Weissage über diese Gebeine und sage zu ihnen: Ihr vertrockneten Gebeine, hört das Wort des HERRN! So spricht der Herr, HERR, zu diesen Gebeinen: Siehe, ich bringe Odem in euch, dass ihr wieder lebendig werdet."

- Eine prinzipielle Skepsis gegenüber der Wissenschaft und eine gewisse Neigung zum Kulturpessimismus[57].
- Gesetzlichkeit und Intoleranz.

Wo immer die örtlichen Kirchengemeinden das erweckliche Feuer aufgenommen und die Erweckten geistlich gepflegt und solide gelehrt haben, konnte eine Zersplitterung vor Ort verhindert werden.

Wo die örtlichen Pfarrer gegen diese geistlichen Aufbrüche vorgingen – diese wurden ja oft von reisenden Evangelisten initiiert –, fanden sich die Erweckten bald am Katzentisch der örtlichen Kirchengemeinde wieder. Dann war es oft nur noch eine Frage der Zeit, bis diese „Wilden" innerlich emigrierten und häufig auch formal den Bruch mit der Landeskirche vollzogen, indem sie meistens schnell in den jungen Freikirchen geistliche Heimat fanden. Andere wieder entwickelten sich in Richtung des Darbyismus[58] und gingen auf Distanz zu den Landes- und Freikirchen, um schließlich in offenen oder auch exklusiven Kreisen der Brüderbewegung heimisch zu werden. Wo immer landeskirchliche Gemeinden erweckliche Aufbrüche bekämpften, förderten sie indirekt Spaltung und Trennung. Sie provozierten geradezu die Gründung neuer Freikirchen. Heute bereichern die Freikirchen das geistliche Leben der Kirche.

Es gab und gibt bis heute auch Pfarrerinnen, Pfarrer und Kirchenleitungen, die den Pietismus gefördert haben, besonders im Bereich der Württembergischen Kirche. So wurde bereits 1743

---

57 Kulturpessimismus sieht im Fortschritt der Moderne und in der Begegnung mit der Aufklärung prinzipiell die Gefahr des kulturellen Identitätsverlustes.

58 John Nelson Darby (1800–1882) war eine führende Persönlichkeit der Brüderbewegung.

im damaligen Herzogtum Württemberg das Verhältnis der Landeskirche zu den pietistischen Gruppen innerhalb der Kirche durch ein „General-Rescript, betreffend die Privat-Versammlungen der Pietisten", förmlich geordnet. Dieses Dokument wurde 1993 als „Pietisten-Reskript" renoviert und ermöglicht seitdem den Aufbau eigenständiger Gemeinschaftsgemeinden innerhalb der Landeskirche.

So wurde ein dritter Weg ermöglicht: pietistische Gemeinschaften, die die Kirchengemeinden formal als „Gemeinde Jesu" anerkannten, aber sich in privaten Hauskreisen oder Vereinshäusern zum „Gemeindlein in der Gemeinde"[59] entwickelten.

Noch vor 150 Jahren wurden die aus der Erweckung entstandenen freien Gemeinden öffentlich skandalisiert und isoliert. Ein typisches Beispiel aus dem Marburger Hinterland sei hier dokumentiert:

Dekan Decher von Gladenbach, der in einem Schreiben vom 24. Februar 1843 den Kreisrat zu Biedenkopf über die Vorgänge im Kirchspiel Gladenbach genau informierte und zum Einschreiten veranlasste, in dem er unter anderem schrieb: „Es ist daher hohe Zeit, dass wieder etwas Ernstliches gegen dieses Treiben geschieht. Ich bitte Sie daher, den Gendarmen aufs Neue aufzutragen: auf die pietistische Versammlung in hiesiger Pfarrei zu achten, „die Anwesenden aufzuschreiben und ihnen anzuzeigen auf welche Weise dieselben zu bestrafen sind".[60]

Dieses „Treiben" war der Wurzelboden der Erweckung im hessischen Hinterland, aus dem ein bis heute spürbares vitales

---

59 ecclesiola in ecclesia. Philipp Jakob Spener.

60 Gerhard Lehmann, Jahrbuch der hessischen kirchengeschichtlichen Vereinigung, 26. Band.

geistliches Leben in Landes- und freikirchlichen Gemeinden hervorgegangen ist.[61]

Irgendwann haben aber die, die mit Ernst Christen[62] sein wollten, den Spieß herumgedreht und nun ihrerseits die Landeskirchen gering geachtet und ihnen Verrat am Evangelium vorgeworfen.

Während ich dieses Kapitel schreibe, hat der damalige Präsident der Vereinigung Evangelischer Freikirchen (VEF), Ansgar Hörsting aus Witten, seit einigen Jahren hauptamtlicher Präses des Bundes freier evangelischer Gemeinden (FeG), die Landeskirchen um Vergebung für die Überheblichkeit mancher freikirchlicher Gemeinden gebeten. „Bitte vergebt uns, wenn wir den Eindruck vermittelt haben, wir wären die besseren Christen und hätten es besser drauf", sagte Hörsting am 23. März 2017 beim missionarischen Gemeindekongress „Dynamissio" in Berlin. „Es gab und gibt manchmal eine Arroganz, die uns schlecht zu Gesicht steht."

Darum beginnen wir unsere Leibesübung zur Überwindung der latenten Separation mit der Bereitschaft, uns vorbehaltlos dem Auftrag zur Einheit des Leibes Christi zu öffnen. Wer das nicht im Fokus hat, sollte vielleicht hier besser abbrechen.

---

61 Interessanterweise mehr auf hessen-nassauischem als auf kurhessischem Terrain.

62 Martin Luther in „Vorrede zur Deutschen Messe": Die Gottesdienste und Messen, die eine rechte evangelische Ordnung erhalten sollten, dürften nicht so öffentlich auf dem Platz vor jedermann gehalten werden. Vielmehr müssten diejenigen, die mit Ernst Christen sein wollen und das Evangelium mit Taten und Worten bekennen, sich mit Namen eintragen und irgendwo in einem Haus versammeln, um zu beten, zu lesen, zu taufen, das Abendmahl zu empfangen und andere christliche Werke zu tun. In dieser Ordnung könnte man diejenigen, die sich nicht christlich verhielten, erkennen, tadeln, bessern, ausstoßen oder in den Bann tun nach der Regel Christi (Matt 18,15-17).

Leibesübungen sind vor allen Dingen zuerst Geistesübungen. Exerzitien, die eine gewisse Disziplin erfordern: schweigen, hören, verstehen, vergewissern und dann tun.

In unserer reizüberfluteten Zeit mit ihrer erschlagenden Informationsfülle wird es immer mühsamer, sich konzentriert mit Überzeugungen zu beschäftigen, die uns zu neuen Horizonten führen. Viel bequemer ist das Verharren in dem, was man ein Leben lang vertreten hat. Irgendwann sorgt das fortgeschrittene Alter dafür, dass unser Interesse an neuen Gedanken erlahmt. Viel schlimmer noch: der Geist erfasst nichts Neues mehr. Er hat seine Stärke im Vertrauten und Gewohnten, aber die Aufnahmefähigkeit für neue Zugänge zum Bibelverständnis, neue theologische Herausforderungen, neue Infragestellungen aus dem als „liberal" etikettierten Lager machen einfach nur müde.

Ich habe den Eindruck, dass manche Meinungsführer das, was sie kritisieren, im Original nicht erfasst haben. Sie haben ihre Informationen aus der Sekundärliteratur und aus kritischen Kommentaren ihres eigenen Gesinnungsmilieus. So bleibt man unter sich und erspart sich den Diskurs seriöser Apologetik.

Eine „kardiologische" Diagnose

Wie krank muss Kirche eigentlich sein, dass sie fiebert und Abwehrkräfte entwickelt? Wie lädiert muss der „Leib Christi" sein, dass man den Notarzt ruft? Wie viel Reformstau muss aufgelaufen sein, dass man einen Reformer anheuert?

Es war nicht der Zustand der spätmittelalterlichen Kirche
im Allgemeinen, der Luther auf den Plan gerufen hat. Die rö-
mische Kirche hatte in früheren und späteren Zeiten nicht mehr
und nicht weniger Deutungs- und Gestaltungskraft wie zur Zeit
Luthers. Es gab also keine akuten Skandale und keine chronischen Fehlentwicklungen, die so etwas wie eine interne Revision
nötig gemacht hätten. Ein solch mächtig aufgestellter und weltweit agierender Monopolist für Glaubensfragen verfügt über eine
berechenbare Schwerkraft, über eine gewisse Zähigkeit, die nicht
jedem Modetrend hinterherläuft, sondern in sich ruht. Mit allen
Stärken und allen Fehlentwicklungen.

Als aber einige Kirchenmänner des 16. Jahrhunderts auf die
abstruse Idee kamen, mit geistlichen Emissionswerten zu handeln, also eine Art Abgashandel fürs Gewissen zu betreiben, auch
Ablasshandel genannt, da war es Zeit aufzustehen. Der Klerus
herrschte pompös, das Volk buckelte ärmlich. Oben viel Textil,
unten kein Text. Die Leute konnten nicht lesen und die gebildete
Minderheit hatte ohne Lateinkenntnisse keinen Zugang zur Bibel.
Das Maß war unerträglich voll, die Zeit war reif, es musste etwas
passieren.

In diesem kulturellen Klima erlebt ein unscheinbarer Kloster-
bruder namens Martin seine ganz persönliche Krise. Ein trotziger
Zweifler, ein blitzgescheiter Denker, ein emotionaler Wüstling,
ein von der Gnade erfasster Mahner und Rufer, der vor keinem
Kaiser und Papst in die Knie ging, weil er vor Gott auf den Knien
lag, steht auf und stellt sich quer. Er signiert, schreibt, statt zu
resignieren.

Luthers ganz persönliche Krise und das, was dann in der
Reformation losbrach, wurde später in den vier sogenannten

Exklusivpartikeln kompakt definiert: *sola gratia, sola scriptura, sola fide* und *solus christus*. Das war und bleibt das Heilmittel für eine kränkelnde Kirche, für einen müden Leib, der seine geistliche Zeugungskraft verloren hatte. Seitdem lebt die Kirche vital und kreativ, orientiert an Christus. Oder sie degeneriert spirituell verarmt vor sich hin, orientiert an dem, was nicht geht. Eine von Jesus entflammte Kirche kann wieder glauben, dass sie möglicherweise ihre beste Zeit noch vor sich hat.

Die Zeiten haben sich geändert, wir freuen uns an einer lebhaften und lebendigen Kirche, aber der geistliche Befund der Erben Luthers, die Diagnose des Systems Kirche, verlangt auch heute nach einer gründlichen Reha. Und zwar ambulant, nicht stationär. Umhergehend, im laufenden Betrieb, im Weitermachen. Die Kirche heilt im Vollzug ihres Auftrags. Sie dient und wird gesund. Oder sie veröffentlicht Papiere und bleibt harmlos.

Kein anderer hat uns die Diagnose des kranken Leibes Kirche so „ans Herz" gelegt wie Eberhard Jüngel anlässlich der EKD-Synode von 1999 in Leipzig:

„Wenn die Kirche ein Herz hätte, ein Herz, das noch schlägt, dann würden Evangelisation und Mission den Rhythmus des Herzens der Kirche in hohem Maße bestimmen. Und Defizite bei der missionarischen Tätigkeit der christlichen Kirche, Mängel beim Evangelisieren würden sofort zu schweren Herzrhythmusstörungen führen ... Wer an einem gesunden Kreislauf des kirchlichen Lebens interessiert ist, muss deshalb auch an Mission und Evangelisation interessiert sein."

So weit die Diagnose, der Befund einer von kardiologischen Funktionsstörungen geplagten Kirche. Sie hat es am Herzen, weil ihre eigene Botschaft nur selten durchs Herz geht, wie damals in der jungen Kirche in Jerusalem[63].

Was man bisher gegen diese Gefäßerkrankung getan hat, klingt eher nach „sola structura". Was ist bezahlbar, was muss weg, was muss fusioniert werden? Kräfte bündeln, Ressourcen sichern – das muss sein. Kirche steht auch in einer wirtschaftlichen Verantwortung.

Während die Freikirchen ihre Mitglieder zu Mitarbeit und finanzieller Mitverantwortung verbindlich in die Pflicht nehmen, scheinen Gemeinden landes- und volkskirchlicher Struktur ihre Mitglieder praktisch gar nicht (mehr) in die Pflicht zu nehmen. Die Pflicht, Kirchensteuer zu zahlen, ist so ziemlich die einzige und letzte Pflicht, die die Volkskirche dem Volk abverlangt. Keiner wird zur Teilnahme am kirchlichen Leben oder zum öffentlichen Zeugnis verpflichtet.

„Es wird grundsätzlich niemand ausgeschlossen. Wer gehen will, muss selber gehen. Vorher ist jeder Atheist, Neo-Buddhist oder Neo-Schamane im volkskirchlichen Sinn noch ein Christ."[64]

63 Apg. 2,17.

64 Schmid, G.: Im Dschungel der neuen Religiosität. Kreuz, Stuttgart 1992.

Ein Sehtest aus Johannes 17

Worin unterscheiden sich die beiden Lesarten?

20 Ich bitte aber nicht allein für diese, sondern auch für alle, die durch ihr Wort an mich glauben. 21 Sie alle sollen eins sein, so wie du, Gott, in mir bist und ich in dir. Sie sollen in uns sein, damit die Welt glaubt, dass du mich gesandt hast.
22 Und ich habe ihnen den Glanz gegeben, den du mir gegeben hast, damit sie eins sind, so wie wir eins sind.
23 Ich bin in ihnen und du bist in mir, so dass sie zu einer Einheit vollendet werden, damit die Welt erkennt, dass du mich gesandt hast und dass du sie geliebt hast, wie du mich geliebt hast.
24 Gott, ich will, dass die, die du mir gegeben hast, auch da, wo ich bin, bei mir sind. Sie sollen meinen Glanz sehen, den du mir gegeben hast, weil du mich geliebt hast vor der Entstehung der Welt.
25 Gerechter Gott, die Welt hat dich nicht erkannt, ich aber habe dich erkannt, und diese haben erkannt, dass du mich gesandt hast.

20 Aber nicht für diese allein bitte ich, sondern auch für die, welche durch ihr Wort an mich glauben, 21 damit sie alle eins seien, wie du, Vater, in mir und ich in dir, dass auch sie in uns eins seien, damit die Welt glaube, dass du mich gesandt hast.
22 Und die Herrlichkeit, die du mir gegeben hast, habe ich ihnen gegeben, dass sie eins seien, wie wir eins sind –
23 ich in ihnen und du in mir –, dass sie in eins vollendet seien, damit die Welt erkenne, dass du mich gesandt und sie geliebt hast, wie du mich geliebt hast.
24 Vater, ich will, dass die, welche du mir gegeben hast, auch bei mir seien, wo ich bin, damit sie meine Herrlichkeit schauen, die du mir gegeben hast, denn du hast mich geliebt vor Grundlegung der Welt.
25 Gerechter Vater! Und die Welt hat dich nicht erkannt; ich aber habe dich erkannt, und diese haben erkannt, dass du mich gesandt hast.

Wer diesen Auszug aus dem 17. Kapitel des Johannesevangeliums nur überfliegend wahrgenommen hat, statt aufmerksam zu lesen, wird die kleinen Unstimmigkeiten im synoptischen Format kaum registriert haben.

Ich habe zwei Übersetzungen ausgewählt, die sich scheinbar gegenseitig bestätigen. Ich verrate die Quellen nicht, aber die Genau-hin-Gucker haben bereits die Übersetzungen ermittelt. Ich nehme gern beide zur Hand.

Die Synopse[65] dieser beiden Übersetzungen klingt stimmig, einsilbig, wortgetreu und eindeutig – nicht zweideutig, nicht mehrdeutig. Man muss schon genauer hinschauen, um festzustellen, dass es nur zwei Begriffe sind, die hier variieren. Die linke Variante braucht 878 Zeichen, die rechte Variante kommt mit 870 aus. Und diese beiden scheinbar harmlosen Übersetzungsdifferenzen haben das Zeug zur Spaltung der Christenheit. Eine scheinbar kleine Ursache mit möglicherweise weitreichender Auswirkung.

„In meiner Bibel steht aber nichts von …!"

Immer wenn ich diesen Spruch höre, gehe ich vorsorglich schon einmal in Deckung. Denn hier macht bereits der Ton die Musik. Diese Phrase verlässt das Gebiss der geharnischten Wortwächter in einer Tonmischung aus Entschiedenheit und Empörung. „Meine Bibel" heißt dann so viel wie „mein Verständnis von Bibel". Wer diese Parole raushaut, will möglicherweise nicht über sein Bibelverständnis diskutieren, sondern ein Vorverständnis statuieren. Es gibt nur eine Bibel und die sagt allen dasselbe.

---

65 Vergleichende Gegenüberstellung von Texten.

Der kleine Sehtest lehrt uns, genauer hinzusehen. Wenn es um das Fundament geht, muss man genau hinschauen. Kürzlich wurde bei uns in der Marburger Innenstadt ein riesiger Turmdrehkran aufgerichtet. Wenige Tage später wurde das Monstrum überhastet wieder demontiert. Was war passiert? Eines der vier Betonfundamente war nur 10 Zentimeter abgesackt. Diese scheinbar kleine Differenz am Boden verursacht in 40 Metern Höhe einen riskanten vertikalen Schiefstand, der den 500 Tonnen schweren Kran hätte zu Fall bringen können. Danach wurden die riesigen Fundamente mit Betoninjektionen bis in 10 Meter Tiefe stabilisiert. Das passiert, wenn beim Fundament gepfuscht wird. Darum wäre nur ein wenig Toleranz am Bibelfundament in der Auswirkung möglicherweise unkalkulierbar verheerend.

Sind das nun lediglich marginale oder periphere Differenzen, oder reichen diese bis ins Zentrum unseres Bibelverständnisses? Ist die Differenz fundamentaler oder nur dekorativer Natur?

Welche Bandbreite der Bibelinterpretation ist zulässig? Wo beginnt der vom konservativen Lager befürchtete Verrat an der Offenbarung Gottes?

Ertappt! Schon die Klassifizierung „konservativ" läuft dem Anliegen dieses Buches völlig zuwider. Und wenn ich die andere Seite mit dem Etikett „liberal" deklariere, ist die Kommode mit den beiden Fächern schon fertig. Ich will weg von diesen verkanteten Schubladen: links/rechts, liberal/konservativ, modern/traditionell – was sagt das schon? Die Wirklichkeit lässt sich mit diesen Begriffspaaren nicht abbilden.

Zurück zum Sehtest.

Die eine Variante übersetzt das *„pater"* korrekt mit „Vater", als persönliche Anrede des Sohnes zum Vater. Die andere wählt das geschlechtsneutrale „Gott", weil Gott nun mal kein Mann und auch keine Frau oder Göttin ist. Wir sollen uns bekanntlich überhaupt kein Bild von Gott machen. Die patriarchalische Deutung wird diesem Gebot ebenso wenig gerecht wie die matriarchalische. Und doch begegnet Gott uns in seinem Wort mit väterlichen und mütterlichen Wesenszügen. Ist das schon ein folgenreiches Zugeständnis an eine sogenannte „moderne" Theologie, die – so befürchtet man – das ewig gültige Wort auf Zeitgeist trimmt und durch die Hintertür die ganze feministische Ideologie in die Bibel trägt? Sitzt hier exemplarisch der berühmte Hase im Pfeffer? Muss man hier schon den Anfängen wehren?

Zur zweiten Differenz zwischen den beiden Lesarten:

Die eine Variante übersetzt in Vers 20 das griechische *doxa*[66] mit „Herrlichkeit", die andere mit „Glanz". Beginnt hier schon das, was einer meiner Freunde als „zersetzende Bibelkritik" oder ein anderer als den „Ausverkauf der biblischen Botschaft als Folge der historisch-kritischen Methode" bezeichnet? „Glanz" ist neutral. Steckt in „Herr-lichkeit" etwa zu viel maskuline Identität?

Der typische Vertreter von „in meiner Bibel steht aber nichts von …" hat den Unterschied beim ersten Durchgang möglicherweise übersehen. Der bibelkundige Leser hat es allerdings sofort gemerkt, der ist mit der rechten Variante[67] aufgewachsen. Dicht am Urtext. Und er hat sich vorgenommen, dieses Buch wachsam zu lesen und den Autor sorgfältig zu prüfen. Diejenigen,

---

66 Duden: Substantiv, feminin: überweltliche Majestät Gottes; göttliche Wirklichkeit.

67 Benannt nach einem Wuppertaler Stadtteil.

die die linke Variante bevorzugen, würden in diesen minimalen Differenzen keinen Grund zur Entzweiung sehen. Für diejenigen, die die rechte Variante bevorzugen, könnte der Punkt erreicht sein, wo sie diese Lektüre beenden. Und dem mehrheitlichen Rest der Leserschaft ist es schlichtweg egal. Hauptsache eins in Christus.

Dieser kleine Übersetzungstest beschreibt den Befund des Leibes Christi: überwiegend kerngesund, aber hier und da erste Anzeichen von Arthrose – akutem Gelenkverschleiß. Oder ist es schon eine chronische Arthritis?[68]

Dieses Bild eines orthopädischen Befundes greift Paulus mehrfach auf, z. B. in 1. Kor. 12,26:

Wörtlich aus dem Griechischen:

Und sei es, dass leidet ein Glied, leiden mit alle Glieder; sei es, dass geehrt wird ein Glied, freuen sich mit alle Glieder.

Übersetzungsvariante A: *Wenn ein Glied leidet, leiden alle Glieder mit. Oder wenn ein Glied verherrlicht wird, so freuen sich alle Glieder mit.*

Übersetzungsvariante B: *Und wenn ein Körperteil leidet, leiden alle anderen mit, wenn ein Körperteil geehrt wird, freuen die anderen sich alle mit.*

---

68 Arthrose und Arthritis sind zwei Erkrankungen der Gelenke, die immer Hand in Hand gehen. Wenn Gelenkbeschwerden auftreten, muss immer von beiden Krankheiten ausgegangen werden, da die Symptome sich zunächst nicht sicher der Arthrose oder der Arthritis zuordnen lassen. Die beiden Erkrankungen des Gelenks sind allerdings nicht gleich, sondern unterscheiden sich durch einen entscheidenden Faktor: die Ursache. Bei der Arthritis handelt es sich um eine entzündliche Reaktion eines Gelenks, die durch Pilze, Bakterien oder auch ohne Krankheitserreger ausgelöst werden kann. Die Arthrose hingegen ist der altersunübliche Gelenkverschleiß, der Knochen, Muskeln und Gelenkknorpel betreffen kann, aber keine entzündliche Reaktion ist.

Eigentlich kein Grund zur Aufregung, kein Grund zur Separation. Das griechische *melos*[69] wird in Variante B mit „Körperteil" übersetzt und in Variante A mit „Glied". Weil aber heute die Begriffe Glied oder auch Gliedschaft (im Sinne von Mitgliedschaft am Leib Christi) eher im klinisch-urologischen Vokabular zu Hause sind, übersetzt man zu Recht „Körperteil". Kein Grund zur Grundsatzdebatte. Wenn sich im Leib eine Infektion oder eine Entzündung manifestiert, strahlt das auf den ganzen Organismus aus. Und wenn ein Körperteil wieder heilt, dann erzeugt das ein gesteigertes Wohlbefinden im ganzen Leib. Genau das ist meine Motivation für dieses Buch. Um Gottes und der Einheit der Kirche willen und damit um unseres gemeinsamen Zeugnisses willen zu hören und verstehen zu lernen, Verständnis zu wecken, Vertrauen zu fördern, unterscheiden zu können, um schließlich in Christus, dem Haupt, zusammenzufinden. Weil wir einander brauchen und viel voneinander lernen können. Die akute Entzündung der Gelenke, die den Organismus Kirche von Anfang an epidemisch befallen hat, diagnostizieren, geduldig und sorgfältig therapieren, bevor dieses Gemeinwesen des Friedens und der Hoffnung chronisch krank wird. Das Bild vom Leib ist ein Bild der Einheit. Diese vitale Einheit hat nur *ein* Herz, aber *zwei* Gehirnhälften. Sie hat *ein* Herz und *eine* Seele, ist aber *zwei*beinig unterwegs. Ich belasse es bei dieser Allegorie, obwohl sich weitere organisch-somatische Deutungen geradezu aufdrängen.

---

69 Geschichtlich hat das Wort zwei verschiedenartige Bedeutungen, zum einen im Sinne von „Glied" (bei Homer), zum anderen (nachhomerisch) als „Weise", „Melodie", „zum Gesangsvortrag bestimmtes lyrisches Gedicht".

4. Risiken und Nebenwirkungen

Braucht die Kirche eine zweite Reformation als Heilmittel? Nein! Sie braucht möglichst viele reformierte Herzen. Reformation beginnt bei dir und mir oder sie fällt aus. Menschen, die die Barmherzigkeit Gottes verkörpern, verleiblichen und somit Kirche zu einem „glühenden Backofen" (Luther) der Liebe Gottes machen. Und weil wir Kirche sind, geht es um eine spirituelle Reha jedes Einzelnen. Kirche verändert sich nur, wenn Menschen sich verändern, die die Kirche verleiblichen. Hoffnung für den Patienten Kirche! Vier Soli für ein Halleluja. Am Ende feiern wir die Doxologie, den Lobpreis zur Ehre Gottes und zum Zeugnis für die Nationen.

Kirche der Reformation braucht Erneuerungsbewegungen, wie z. B. Taizé, die charismatische Bewegung, die Geistliche Gemeindeerneuerung (GGE) oder den Pietismus, der sich durch persönliches Engagement, Bibellesen, Gebet, Mission, Evangelisation, Diakonie auszeichnete. Das waren die Qualitätsmerkmale der „Stillen im Lande". Der frühe Pietismus war eine Aufbruchs- und Reformbewegung: wissenschaftlich, kulturprägend, diakonisch, weltweit missionarisch, fortschrittlich in der Pädagogik. Man wollte die Reformation Luthers vollenden. Vollendet ist sie nicht. Unser Auftrag wird immer ein unvollendeter bleiben. Aber wir bleiben dran.

Aber fragen wir einmal einen Kritiker des innerkirchlichen Pietismus:

Der Pietismus ist ein auf kleinere Kreise zugeschnittenes Bekehrungschristentum, das seinen Halt an den Landeskirchen sucht und hat und das die Welt und die Kultur liegen lässt, wie sie ist. Kulturwirkungen, vor allem politischer und sozialer Art, übt er nur gegen den eigenen Willen aus. Wir stehen hier wieder auf dem Standpunkt der leidenden und duldenden Sekte, die sich überdies mit der kirchlichen und weltlich-staatlichen Ordnung abfindet. Ernst Troeltsch[70]

Troeltsch ignoriert die enorme Wirkung des Pietismus im Bereich Diakonie, Bildung, Weltmission und Evangelisation. Dennoch ist seine spröde Analyse zum Teil zutreffend:

- Kleine Kreise
- Bekehrungschristentum
- Haltsuchend an der Mutterkirche
- Desinteresse an Welt und Kultur
- Leidend, duldend, sich abfindend

Dass die Ende der Sechzigerjahre entstandene Bekenntnisbewegung „Kein anderes Evangelium"[71] so hoffnungsvoll begonnen hatte, sich aber in den letzten zwanzig Jahren immer mehr auf das Anti reduziert hat und kein Pro mehr entfachen konnte, gehört zu den tragischen Erfahrungen, die wir wohl immer wieder

---

70 Ernst Troeltsch (1865–1923) war ein deutscher Theologe, Kulturphilosoph und liberaler Politiker.

71 Verbunden mit den Namen Paul Deitenbeck, Gerhard Bergmann, Hellmut Frey, Rudolf Bäumer.

periodisch neu erleiden müssen. Statt sich in den bestehenden Strukturen gegenseitig zu inspirieren und zu erneuern, werden immer wieder neue Protestforen etabliert: Netzwerke und Notgemeinschaften, die mit apokalyptischen Zerfallsszenarien besorgte Gemüter bedienen. Wir differenzieren und dividieren uns bis zur Harmlosigkeit. Multiplikation wäre besser, denn nur so kann zusammenkommen, was zusammengehört. **Wir wollen in einer bunten, ökumenisch bereichernden Pluralität dem HERRN der Kirche dienen, ohne einem Pluralismus zu verfallen, der ohne erkennbare theologische Identität an der Peripherie des religiösen Marktes mitmischt, weil er seine Mitte verloren hat.**

Was wäre, wenn alle Verfechter des Buchstabens und Kämpfer der reinen Lehre von der Gnade Gottes überwältigt würden? Sie würden das Fallbeil und die Streitaxt begraben und als solche auferstehen, wo einer dem anderen mit Respekt und Wertschätzung zuvorkommt[72].

Die Krise der evangelikalen Bewegung ist eine hausgemachte. Obwohl uns die Medien hin und wieder Beine machen, stehen wir nicht unter äußerem gesellschaftlichen Druck. Die beiden großen Volkskirchen gehen überwiegend freundlich mit uns um. Es geht um unsere eigenen Richtungsstreitigkeiten, um die Deutungshoheit und damit letztlich um eine Machtfrage.

Das ordnungsstiftende Skalpell derer, die vermeintlich noch „klar stehen" oder auf ein „klares biblisches Profil" bestehen, schneidet tief ein in den „Leib Christi", so wie Paulus die Kirche auch nennt, und zerstückelt den einst vitalen Organismus in immer kleiner werdende Frömmigkeitszirkel. Das große Ganze tritt

---

72 Phil. 2,1-4.

in den Hintergrund, die Idee vom intakten Leib wird zur Fiktion, es herrscht Individualismus und Separatismus. Jeder macht sein Ding und bedient seine Spender.

Den immer lauter vorgetragenen Forderungen nach simpler Eindeutigkeit wird gern das Adjektiv „klar" vorangestellt.

- *Klares* Evangelium
- *Klare* Wortverkündigung
- *Klare* Kante
- *Klares* Zeugnis
- *Klare* biblische Lehre
- *Klares* biblisches Profil

Das „klar" steht für ein nicht mehr verhandelbares kurzes und bündiges Ideal, ein Prädikat ohne Definition. Jeder versteht etwas anderes darunter, aber gemeint ist eine „klare" Distanz zu einer differenzierten, kontextuellen und präzise definierten Betrachtung.

Steht Pfarrer Traugott Seelenheil noch *klar*? Predigt er ein *klares* Evangelium? In welchem Netzwerk findet man seinen Namen, welche Facebook-Einträge „liked" er, welche nicht? Genauso werden die evangelikalen Hochschulen observiert.

Neuerdings steht das Internetportal WORTHAUS[73] auf der Checkliste der Prüfer ganz oben. Für die einen ist diese

---

73 Der Worthaus e. V. wurde 2010 mit dem Ziel gegründet, den aktuellen Diskussionstand der christlichen Hochschultheologie einem breiten Publikum verständlich und in Form von Video- und Audiovorträgen im Internet kostenfrei zugänglich zu machen. Worthaus will allen, die sich für den christlichen Glauben interessieren, ein spannendes, informatives und inspirierendes Angebot auf hohem inhaltlichem Niveau machen. Dabei legt Worthaus Wert auf theologische Substanz, Verständlichkeit und gesellschaftliche Relevanz. www.worthaus.org

Vortragsserie ein Werkzeug zur Stärkung theologischer Urteilsfähigkeit und eine befreiende Horizonterweiterung, die ein neues Interesse an der Bibel entfacht hat. Für die anderen ist es die endzeitliche Verführung schlechthin. WORTHAUS habe mit evangelikalen, reformatorisch-theologischen Positionen nichts mehr zu tun. Ein Rundumschlag gegen 20 Referenten von Peter Zimmerling bis Wilfried Härle und von Siegfried Zimmer bis Thorsten Dietz. Wie wäre es mit „Prüfet alles und das Beste behaltet!"? Das wäre ein biblisches Urteilskriterium.

In einer immer komplizierteren Welt bricht eine Sehnsucht nach einfachen, eindeutigen, zweifelsfreien Klartextbotschaften auf. Diese Forderung nach einer simplen und klaren Bibeldeutung produziert dann „klare" Fangfragen, anhand deren z. B. Referenten, Prediger, Lehrer und Leiter geprüft und sortiert werden. Ich selbst wurde schon einmal mit diesen Fangfragen examiniert und dann exekutiert – also im Sinne von geistig vernichtet:

- Bekennen Sie sich zur Sechstageschöpfung und zur „jungen Erde"?
- Sind Adam und Eva real und historisch zu verstehen?
- Glauben Sie an die leibliche Auferstehung Jesu?
- Ist Homosexualität für Sie (hoffentlich) Sünde?
- Predigen Sie (hoffentlich) auch den Zorn Gottes?

Folgt darauf nicht sofort reflexartig ein „klares" Ja, bin ich durchgefallen. Schon das kleinste Zögern, nur eine zaghafte Rückfrage katapultiert mich ins sogenannte „modernistische" oder liberale Lager. Einmal so „klar" etikettiert, so ultimativ stigmatisiert, gehöre ich fortan zu denen, die nicht mehr „klar" stehen.

Die universale Gestalt von Kirche, die Gemeinde Jesu quer durch alle Denominationen und Nationen, ist von Anfang an von einem chronischen orthopädischen Befund bedroht.[74] Tragende Gliedmaßen renken sich aus und lähmen den gesamten Organismus. Und wenn ein Körperteil leidet, leidet der ganze Körper. Aber wenn ein Körperteil wieder eingerenkt wird, gesundet der ganze Körper und wird wieder mobil. Dieses Bild gilt sowohl für die partikulare Gestalt der Kirche, die lokale Ortsgemeinde, als auch für die universale Gestalt von Kirche, der weltweiten Gemeinde Jesu in ihrer Gesamtheit. Evangelikale sehen nicht zuerst auf die Institutionen. Wenn es ihnen um die Gemeinschaft der bewusst Gläubigen geht, reden sie häufig von der „Gemeinde Jesu" in allen Kirchen oder auch vom „universalen Leib Christi".

Natürlich wissen wir, dass Gott selbst über seiner Kirche wacht und dass der universale Leib Christi lebt und gedeiht. „Ich will meine Gemeinde bauen"[75], spricht der HERR der Gemeinde, aber er beteiligt uns am Bau, und das hat segensreiche, aber gleichzeitig auch deprimierende Folgen. Wir entgliedern den Leib Christi. Verletzte Menschen verursachen Spaltungen und Spaltungen verletzen Menschen.

Die zentrifugalen Kräfte des Individualismus und die egozentrische Einstellung mancher empörter Meinungsmacher gefährden die Einheit des Leibes. Wir bringen es noch fertig, den

---

74 So klagte Clemens Alexandrinus (um 200 n. Chr.), „dass man angesichts des verwirrenden Dogmenstreits unter den christlichen Parteien nicht wissen könne, welche von ihnen nun wirklich die Wahrheit vertrete". Martin Werner, Die Entstehung des christlichen Dogmas, 1959, 30.

75 Mt. 16,18.

feingliedrigen und verletzungsanfälligen Organismus namens Kirche zum Krüppel[76] zu machen.

Dabei ernüchtert diese Einsicht: Gemeinden, die sich spalten, sind oft in missionarischer Hinsicht fortan gehbehindert. Etwas drastischer – statt orthopädisch nun urologisch ausgedrückt: Sie sind impotent, weil nicht zeugungsfähig für neues Leben. So lecken Täter und Opfer der Separation die Wunden, beklagen den Verlust, der bei Halbierung der Mitgliedsbeiträge schon mal zur Entlassung des Pastors führen kann. Vor lauter Leiden am Trennungsschmerz greift Lähmung um sich. Man geht nicht mehr hinaus zu den Menschen.

Wieder andere sehen in der Miniatur der Gemeinde, in der kleinen Herde, geradezu eine zwangsläufig endzeitliche Qualität: immer kleiner – immer reiner. Der Letzte macht das Licht aus.[77] So weit kann es kommen, wenn die Gemeinden ihre Salz- und Lichtkraft verlieren.

Verbalcontainer mit Spaltpotenzial

Irgendwann wurde ich in einer Talkshow gefragt, welche Bücher ich gegenwärtig lesen würde. Meine Antwort war ganz unbekümmert: „Ich lese gern Bücher, vor denen andere warnen!" Danach fühlte ich mich wie ein Frosch im Mixer: geschüttelt und gerührt,

---

76 Adolf Schlatter soll die Kirche einmal als Krüppelheim bezeichnet haben.

77 Ein Tipp für zähe Kirchenvorstandssitzungen: Man tagt wesentlich kürzer, wenn nicht der Letzte, sondern der Erste das Licht ausmacht.

geschreddert und püriert. Wer einmal das Malzeichen „liberal", „modern", „nicht mehr bibeltreu" an die Stirn geklebt bekommt, hat fortan alle Hände voll zu tun, der Zentrifugalkraft dieses apokalyptischen Schneidwerks zu entkommen. Es gibt tatsächlich einige Schlüsselbegriffe, man könnte auch von Kampfbegriffen sprechen, die wie Waffen geführt werden. Begriffe, die nicht mehr definiert werden. Jeder macht sie sich seinem Vorteil zunutze oder diffamiert sie. Schlagworte mit Spaltkraft. Begriffe wie Container, die jeder auf seine Weise mit seiner persönlichen Prägung, Weltanschauung und seinem eigenen Bibelverständnis belädt. Ich möchte hier schon zwei dieser explosiven Verbalcontainer nennen und der Frage nachspüren, warum man sie subjektiv füllt und sich nicht die Mühe macht, ihre ursprüngliche Definition objektiv abzuklären. Allein die konsequente Vermeidung dieser explosiven Verbalcontainer würde schon viele Fronten auflösen und das eigentliche Thema versachlichen und befrieden.

Alles „biblisch" oder was?

Die schleichende Erstarrung mancher landeskirchlichen Gemeinden und die illusionslose Einsicht, dass auch freie Gemeinden nach 100 Jahren ähnliche Alterungsprozesse und schwindende Vitalität aufweisen, haben in den letzten 50 Jahren zu einem neuen Format von Ortsgemeinde geführt. Man gehört zu keiner Kirche und zu keinem Verband, unterstellt sich keiner kirchlichen Ordnung und erfindet sich neu, dicht am apostolischen Vorbild. Solche Gemeindemodelle führen gern den Titel „biblische" oder „bibeltreue" Gemeinde. Ich war selbst jahrelang auf diesem Trip eines idealisierten und harmonisierten Gemeindeverständnisses.

Ich sehe noch diesen guten, gutwilligen und gutgläubigen Freund vor mir, wie er hinter scheinbarer Demut mit verstecktem Stolz statuierte: „Wir sind jetzt eine biblische Gemeinde!" Soll heißen: „Wir machen jetzt unser eigenes Ding. Mit dieser unbiblischen Kirchensteuerkirche haben wir nichts mehr zu tun." Daraus folgen biblische Gemeindestrukturen, biblische Gemeindezucht, ein biblisches Taufverständnis, eine biblische Lehre von der Endzeit, biblische Ehe und Kindererziehung. Das ist gut gemeint, aber es wirft viele Fragen auf.

„Die örtliche christliche Gemeinde nach dem Vorbild von Apostelgeschichte 2 ist die Hoffnung der Welt." Auf diesen kurzen Nenner kann man das Geheimnis der Willow Creek Community Church bringen. So habe ich den Gründungspastor Bill Hybels noch im Ohr, als ich 1988 zum ersten Mal diese Megachurch in der Chicagoer Vorstadt South Barrington besuchte, die heute als leuchtendes Vorbild für unzählige schnell wachsende Gemeinden gilt.

Biblische Gemeinde? Korinth war eine biblische Gemeinde. Sicher kein Musterexemplar[78], dem wir nacheifern sollten. Selbst von den Essentials, die in Appostelgeschichte 2,42 ff. aufgeführt sind, praktizieren wir nicht alle, zum Beispiel den Verzicht auf privates Vermögen. Kommunitäten versuchen dieses Ideal zu leben oder die Amischen, die ich in Lancaster County in Pennsylvania besucht habe. Da bestellen die Landwirte ihre Felder nicht mit moderner Agrartechnik, weil Traktoren keine biblische Entsprechung haben. Biblische Ehe? Wer die Bibel nicht historisch liest, neigt zu einer romantischen Verklärung einer „biblischen

---

78 1. Kor. 5.

Ehe". Die Mädchen wurden vor oder während der Geschlechtsreife verheiratet, um beizeiten vor allem reichlich Söhne zu gebären – und zwar aus wirtschaftlichen Gründen.

Wenn „biblisch" bedeutet: „Es steht so in der Bibel geschrieben", müsste z. B. bei Ältestenwahlen das Los geworfen oder das Witwenamt eingeführt werden. Ich kenne keine Gemeinde, die das praktiziert. Oder die Evangelisten müssten ohne zweiten Anzug unterwegs sein und ohne Gepäck reisen. Biblisch wäre auch die private Haltung von Sklaven, die körperliche Züchtigung von Kindern, Polygamie, die Leviratsehe[79] u. v. a. m. Wer eine solch konsequente Konkretion von sich weist, der sollte sich dessen bewusst werden, dass seine Wahrnehmung biblischer Texte auch einem hermeneutischen Prinzip folgt.

Versteht man jedoch unter „biblisch" eher „im Geist oder im Sinne der Bibel", dann gesellen sich zum biblischen Text bereits kulturelle und literaturkritische Aspekte. Wer sich der theologischen Wirkungsgeschichte verschließt und einfach die Bibel wörtlich nimmt, der müsste konsequenterweise jeden biblischen Befehl umsetzen. Jeder selektierende Eingriff in den Text wäre dann bereits ein Verrat an der Autorität der Bibel.

Bibelkritik

Unter Bibelkritik verstehen viele einen prinzipiell kritischen, d. h. wichtige Inhalte ablehnenden Umgang mit der Bibel. Ein Missverständnis mit fatalen Folgen. Bibelkritik heißt nicht, die Offenbarung Gottes in der Schrift zu kritisieren, sondern die Schrift vom literarischen Genre, vom Kontext und von der

---

79 1. Mose 38, Ruth 1–4.

Umwelt der Abfassungszeit her differenzierend zu verstehen. Gemeint ist die im 18. und 19. Jahrhundert entwickelte Methode zur Auslegung historischer Texte, die sogenannte historisch-kritische Methode (HKM).

Ein Bibeltext wird aus seinem historischen Kontext heraus gelesen und verstanden. Ein durchaus nützliches Hilfsmittel zur Auslegung der Bibel. Kritik meint hier *crisis:* Scheidung, Unterscheidung der Form, der Gattung und der Wirkungsgeschichte. Dieses Handwerk wird an allen evangelikalen Hochschulen vorgestellt und bewertet.

„Die Bibel muss, wenn man sie ihr eigenes Wort sagen lässt, historisch verstanden werden. Gerade um die Bibeltexte ernst zu nehmen, sollen sie – befreit von vorgefassten Meinungen – ihr eigenes Wort sagen können. [...] Die Methode hat zugleich eine kritische Funktion. Die Kritik richtet sich indes nicht gegen die Bibel selbst, sondern – im Gegenteil – gegen die Instrumentalisierung der Bibel. [...] Damit ist [...] auch die Aufgabe des Exegeten beschrieben. Sie besteht darin, den Text gegen sachfremde Interessen und Vereinnahmungen in Schutz zu nehmen. Der Exeget ist der Anwalt des Textes; er lässt diesen selbst zu Wort kommen."[80]

Thorsten Dietz versucht in seinem Buch „Weiterglauben", die HKM zu entzaubern und gleichzeitig produktive Zugänge zu dieser Methode schaffen.

„Wer die Bibel historisch liest, als ein Dokument ihrer Zeit, kommt überhaupt nicht auf die Idee, in diesen Angaben ‚Fehler' zu suchen."[81]

---

80 Uwe Becker, Exegese des Alten Testaments. Tübingen 2005, S. 4–5.

81 Thorsten Dietz, Weiterglauben: Warum man einen großen Gott nicht klein denken kann. Brendow, Moers 2018.

Staatlich anerkannte Hochschulen verpflichten sich zur Freiheit der Lehre und Forschung, also haben sie diese Werkzeuge zum Verständnis biblischer Texte auch zu lehren und kritisch zu bewerten. Wobei der inzwischen nahezu völlig verbrannte ideologisch überfrachtete Begriff „HKM" eher vermieden wird. Man arbeitet natürlich historisch kritisch.[82] Und das hat mit dem landläufigen Image von „Bibelkritik" nichts zu tun.

„Wenn die neutestamentliche Exegese als ,historisch-kritische' Exegese bezeichnet wird, dann meint hier das Wort ,kritisch' genau dies: Es geht um eine Auslegung, die nachvollziehbaren Kriterien und nicht einfach der subjektiven und situativen Meinung eines Auslegers oder einer Auslegerin folgt. ,Historisch' ist die Exegese, weil sie primär um die damalige, vom historischen Autor intendierte Bedeutung neutestamentlicher Texte bemüht ist und weil sie diese Bedeutung mittels historisch-philologischer Arbeit und durch das Studium historischer Quellen zu ergründen versucht."[83]

Umso verwunderlicher ist die Beobachtung, dass der Begriff „Bibelkritik" im Sinne eindeutiger theologischer Flurbereinigung umgedeutet wurde. Die Bibelkritiker seien die Verräter des Evangeliums, die Bibelkritik sei der Krebsschaden der Kirche. „Ungläubige" Wissenschaftler würden sich am heiligen Buch vergreifen, würden es rücksichtslos um der Kritik willen kritisieren, bis

---

82 Volker Gäckle, Rektor der Internationalen Hochschule Liebenzell, zur Untauglichkeit des Begriffs: „Der Begriff HKM ist derart mit ideologischem Ballast behaftet, dass er für den wissenschaftlichen und erst recht für den gemeindlichen Diskurs unbrauchbar geworden ist. Wir bekennen uns auch in allen Akkreditierungsunterlagen zu einer wissenschaftlichen, historischen und methodischen Arbeit, vermeiden aber diesen Begriff und erklären das auch."

83 Sönke Finnern/Jan Rüggemeier. Methoden der neutestamentlichen Exegese. Ein Lehr- und Arbeitsbuch, Tübingen 2016, S. 4.

die Bibel ihrer göttlichen Kraft beraubt sei. So wird die „Bibelkritik" bekämpft, nur weil man den Sinn und die Nützlichkeit dieser Methode nicht erfassen will, weil die Vermeidung eines solchen Container-Begriffs das exklusive Alleinstellungsmerkmal „Wir sind gegen die Bibelkritik" zunichtemachen würde. Gleichzeitig müssen wir feststellen, dass die an sich hilfreiche Methode der historischen Unterscheidung von Texten zu einer prinzipiell radikalen Demontage der Autorität der Schrift geführt und somit das Vertrauen in die Zuverlässigkeit der Bibel untergraben hat. Diese Entartung der Methode hatte Gerhard Maier vor Augen, als er 1975 das Buch „Das Ende der historisch-kritischen Methode"[84] schrieb. Der Heidelberger Theologe Klaus Berger hat 2013 mit „Die Bibelfälscher" nachgelegt.

Hier ein Auszug: *„Viele Theologiestudenten brechen ihr Studium ab, weil sie während des Studiums ihren Glauben verlieren. Das hat vor allem mit der an den Universitäten betriebenen Bibelauslegung zu tun. Die Bibel wird auseinandergenommen und demoliert, so dass von ihr fast nichts mehr übrig bleibt. Um das auszuhalten, muss man schon einen außerordentlich gefestigten Glauben haben."*[85]

Um diese Begleiterscheinungen aufzuhalten, wurde 1969 in Tübingen das von pietistischen Kräften initiierte Albrecht-Bengel-Haus gegründet, um dem theologischen Nachwuchs aus dem Pietismus Begleitung durch das Studium und das Leben in einer verbindlichen Lebensgemeinschaft zu ermöglichen. Weitere Studienhäuser folgten, z. B. in Mainz, Heidelberg und Marburg.

---

84 R. Brockhaus, Wuppertal, 1975.

85 http://www.kath.net/news/41449

Pastor Sven Findeisen hat sich sehr um den Aufbau dieser akademischen Schutzräume verdient gemacht.

Dem Begriff „Bibelkritik" wird oft der Begriff „Bibeltreue" gegenübergestellt. Und „bibeltreu" ist ein Synonym von „fundamentalistisch". In diesem Zusammenhang befindet sich auch das Schlagwort „modern". Eine einzige Sprachverwirrung. „Modern" steht so für gefährlich, verwerflich und gottlos. Alle neueren exegetischen Zugänge zu den biblischen Texten, wie z. B. die feministische Theologie, die Befreiungstheologie oder die tiefenpsychologische Exegese werden prinzipiell als gefährlich klassifiziert, so als würde allein die Kenntnisnahme diverser Zugänge zum Text toxische Auswirkungen haben.

Diese zwei Begriffe „biblisch" und „Bibelkritik" sind inzwischen derart ideologisch aufgeladen, dass sie für die dringend notwendigen Klärungen ausscheiden. Sie befeuern die Debatte emotional, statt sie vernünftig und sachlich herunterzukühlen.

Auch das Schlagwort „liberale" Theologie wird beliebig definiert. Man meint damit eine entfesselte Theologie, die sich ungläubig und ehrfurchtslos über die Bibel hermacht. Gemeint ist eine Theologie, die einzig aufgrund von humanistischen und geisteswissenschaftlichen Grundlagen betrieben wird. Eigentlich heißt „liberal" Freiheit in Forschung und Lehre, ohne Denkverbote, ohne Lehrzucht von Rom. Im konservativen evangelikalen Kontext geht man jedoch davon aus, dass die Ergebnisse einer liberalen Theologie prinzipiell schlecht und gefährlich sind und dass man nichts davon lernen kann. Es werden nur systemimmanente Zugänge zur Schrift erlaubt, Gläubige aus dem eigenen Milieu. Dahinter steckt pure Angst, die Bibel könnte sich in den Händen eines liberalen Theologen in nichts auflösen. Das

Gegenteil ist der Fall: Die Bibel wurde im Stahlbad der Aufklärung gehärtet.

In diesem Zusammenhang lese ich in empörten Leserbriefen und Facebook-Einträgen, schlimmer noch auf der Kommentarplattform des führenden Nachrichtenorgans des konservativen Protestantismus, auf der man sich unter einem Pseudonym registrieren kann, um sich gegenseitig fortan hemmungslos – weil anonym – verbal zu duellieren und zu verletzen. Dort erscheint immer wieder diese Phrase: „Kennt Herr X seine Bibel nicht? Da steht es doch ganz eindeutig, dass ...‟ Wenn ich mich dazu öffentlich äußere, werden mir ganze Auszüge aus Konkordanzen zugeschickt. Dann verstehe ich Rudolf Bultmann immer besser, der 1960 einmal geschrieben hat:

Manche Briefschreiber wollen mich in einer Weise belehren, die ich nur als eine hochmütige bezeichnen kann. Sie weisen mich auf Bibelstellen hin, ohne zu bedenken, dass mir diese längst vertraut sind, und ohne mir zuzutrauen, dass ich schon von Berufs wegen über ihren Sinn nachgedacht habe. Sie trauen mir also keine Gewissenhaftigkeit zu, sondern werfen mir unverantwortlichen Leichtsinn vor. Ich halte das für ebenso unverschämt wie hochmütig. Aber es bewegt mich, weil es symptomatisch ist für eine bestimmte Atmosphäre der Kirchlichkeit, und in das Mitleid mit den durch blinde Blindenführer Irregeleiteten mischt sich der Zorn über die Verdorbenheit dieser Atmosphäre.[86]

Augenzwinkernd füge ich vorsorglich hinzu, dass ich mit diesem Zitat keinesfalls das Entmythologisierungsprogramm Bultmanns stützen möchte. Nur sicherheitshalber. Sonst schließe ich

---

86 Konrad Hammann, Rudolf Bultmann, Eine Biografie, Tübingen 2012, S. 421.

mich mit dieser ungeschützten Zitation vom Kreis der wahren Treuen aus.

„Ausleben" – von der Spaltkraft eines schwachen Verbs

Ausgangspunkt des derzeit akuten innerevangelikalen Richtungs-streits ist das Thema Homosexualität. Ein ethisches Randthema hatte sich zu einer Bekenntnisfrage aufgeladen. Die unterschied-lichen Bewertungen dieses intimen Sachverhalts wurden gerade-zu skandalisiert und zum Schibboleth[87] der Kirche aufgerichtet: „Wie hältst du es mit den Homosexuellen?" Ein intimes Thema, das in den vertrauten Rahmen seelsorgerlicher Praxis gehört, wurde innerhalb kürzester Zeit zu einer das evangelikale Lager spaltenden Grundsatzfrage des Bibelverständnisses. Wie haben wir heute die Aussagen des Apostel Paulus zu verstehen?

Darüber entbrannte ein Streit. Nicht etwa über Europa und die Herausforderung für Mission und Evangelisation, nicht über den Dialog von Christentum und Islam, nicht über das brennende Thema Christenverfolgung, nicht etwa zur Finanzethik, Umwelt-ethik, Friedensethik, Wirtschaftsethik oder Medizinethik – alles Themen von brennender Aktualität, sondern zur Sexualethik. Das war das Skandalon, das dann zur Gründung einer Bekennt-nisinitiative führte und den Lagerkampf festgeschrieben hat. Da wurde sich an einem Randthema empört abgearbeitet. Ein Thema

---

87 Codewort, Kennwort (Richter 12,5 ff.).

mit einer gesellschaftlichen Relevanz von drei Prozent. Ein intimes Thema, das eigentlich in den vertraulichen Rahmen der Seelsorge gehört, wurde vehement und medienwirksam in der Öffentlichkeit verhandelt. Auf Initiative des Hauptvorstandes der DEA wurde getagt und geprüft, revidiert und dokumentiert, theologische und humanwissenschaftliche Expertisen eingeholt. Am Ende ging es nicht mehr um Betroffene, nämlich um Glaubensgeschwister, die nun mal nichts für das andere Geschlecht empfinden, sondern um Kirchenpolitik, um den *status confessionis*, den Bekenntnisnotstand, letztlich um Deutungshoheit.

„Wissen Sie, Herr Mette, wir haben nichts gegen Homosexuelle – solange sie es nicht *ausleben*", sagte ein älterer Kirchenvorsteher, den ich sehr schätze. Beim Stichwort „ausleben" ist mir bewusst geworden, dass sich an diesem Wort die Krise der Evangelikalen kumuliert und konzentriert: ausleben. Ein schwaches Verb mit mächtiger Spaltkraft.

Nachdem in den letzten zehn Jahren die Medien und die Schwulen- und Lesbenverbände die evangelikale Szene unter Beschuss genommen haben, konnten wir nicht anders, als uns dem Thema Homosexualität intensiver zuzuwenden. Freiwillig hätten wir es nicht getan. Es war doch alles klar. Der biblische Befund ist zwar spärlich, aber scheinbar eindeutig und derart negativ, dass es eigentlich keinen Grund gab, das sorgsam versiegelte Fass aufzumachen. Dass Jesus selbst nichts dazu gesagt hat, konnte uns nicht daran hindern, klare Kante zu zeigen. Der konservative Protestantismus in seiner innerkirchlichen und freikirchlichen Prägung – sonst zunehmend pluralistisch – war sich wenigstens in dieser Frage einig: kirchlich gesegnete schwule und lesbische Partnerschaften gehen gar nicht!

Als der mediale Druck stärker wurde, kamen wir immerhin zu dieser Einsicht: Wie wollen wir mit Menschen umgehen, die keine Neigung zum anderen Geschlecht verspüren? Müssen wir unsere bisherige Argumentation noch einmal überprüfen? Inzwischen wurde fleißig gearbeitet. Der Hauptvorstand der DEA berief drei interne Konsultationen ein und besetzte sie fachlich erstklassig. Das Meinungsspektrum zwischen konservativ und progressiv war fair proportioniert vertreten. Wir haben nicht öffentlich getagt und keine Zwischenergebnisse an die Presse gegeben. Als das Gesprächsergebnis veröffentlicht wurde, hat allein die Feststellung, dass wir eine Neubewertung der Homosexualität versucht haben, in den sozialen Medien einen erschütternd gehässigen Shitstorm ausgelöst, sodass Vertreter von eher vermittelnden Positionen ihre Webseiten schließen mussten. Da taten sich Abgründe auf: menschenverachtende Respektlosigkeit gepaart mit mangelnder theologischer Urteilsfähigkeit und einer fasertiefen Imprägnierung des Denkens gegenüber jeder neuen Bewertung des Phänomens.

Kürzlich fand ich in idea-Spektrum einen Leserbrief von einem älteren Mann, der sich früher oft kantig und schneidig gegen die Kirche und die Charismatiker, die Liberalen und Modernen ausgelassen hat:

„Der evangelikalen Bewegung muss es darum gehen, dass die biblische Mitte, wie sie im Apostolikum bezeugt wird, erhalten bleibt. Wenn diese Mitte stimmt, können an der Peripherie verschiedene Meinungen vorhanden sein, auch zu der Frage, wie man mit gleichgeschlechtlichen Lebenspartnerschaften umgehen soll. Unsere Tochter lebt als Christin in solch einer Lebensgemeinschaft. Sollte ich sie nicht segnen?

Was hat das harte Herz dieses einst so schneidigen Wortwächters so weich gemacht? Seine eigene Tochter, sein eigen Fleisch und Blut. Wer einmal Betroffene ein Stück des mühsamen Weges bis zum Outing und danach geistlich begleitet hat, der tritt irgendwann für immer aus dem Chor der Empörten aus.

Als ich dies einem Kollegen erzählte, reagierte der etwa so: „Wenn man Sache und Person nicht trennt, dann übernimmt die emotionale Betroffenheit das Kommando und dann bleibt die biblische Lehre auf der Strecke!"

Daraufhin habe ich nichts mehr gesagt. Sache und Person trennen, Sünde und Sünder getrennt betrachten. Wie geht das? Sünde ist doch kein unpersönliches kollektives Phänomen, Sünde ist Zielverfehlung des Individuums in einer gefallenen Welt. Umweltsünden z. B. werden durch Umweltsünder verursacht. Ich bin Sünder und die Sünde gehört zu mir. Das kann man nicht getrennt betrachten.

Nach dieser Episode wusste ich, dass wir so keinen Meter weiterkommen. Dieses Thema wird nicht zur Ruhe kommen, bis die Scharfrichter mit der weißen Weste durch die Erfahrung eigener Zielverfehlung, vielleicht ernüchtert durch Erfahrungen in der eigenen Familie verletzt, kapitulieren und sich der Gnade Gottes völlig ausliefern. Dann wird dieses intime Thema endlich in Gnade und Barmherzigkeit getaucht. Dann hebt keiner mehr den ersten Stein.

Die Evangelikalen spalten sich ausgerechnet an dieser intimen und seelsorgerlichen Frage, nicht etwa am Rest des Befundes aus Römer 1,29 ff.: Ungerechtigkeit, Schlechtigkeit, Habsucht, Bosheit, Neid, Mordlust, Zank, Betrug, Verleumder, Freche, Übermütige, Prahler, den Eltern ungehorsam, unversöhnlich, unbarmherzig ...

Das alles wird von den rechtschaffenen Sündenfahndern durchgewinkt oder wurde schon einmal ein Gemeindeleiter wegen Neid und Habsucht (z. B. Schwarzarbeit) von der Mitarbeit ausgeschlossen? Es ist diese selektive Wahrnehmung, die Vernachlässigung aller anderen Zielverfehlungen, welche homosexuelle Glaubensgeschwister so verletzt. Ich habe fromme Leute erlebt, die eiskalt ihre Schlechtigkeit ausleben, Lügen verbreiten, das Recht beugen, die Wahrheit verbiegen und als Heterosexuelle Homosexuelle verachten. Dagegen steht keiner auf. Gemeindezucht? Ausschluss? Mitnichten! Hauptsache nicht schwul oder lesbisch. Das jedenfalls ist offenbar kein Anlass für die Gründung einer Bekenntnisinitiative.

Das ist alles so durchschaubar und scheinheilig, so entlarvend. Gott selbst wird gerecht richten, nicht wir. Ein tröstlicher Gedanke für alle Betroffenen, die sich ihrer gleichgeschlechtlichen Disposition schämen.

Ich schließe diesen Exkurs in vermintes Gebiet mit Auszügen aus einem Vortrag des legendären Evangelisten Pastor Klaus Vollmer (1930–2011) anlässlich einer Veranstaltung der Evangelischen Allianz am 7. November 1980 im Dominikanerkloster Frankfurt am Main:

(…) dann geben Sie jetzt acht: wenn ein Mädchen ein Mädchen liebt, oder ein Junge einen Jungen, oder der Junge seine Lehrerin, oder das Mädchen den Lehrer – wo immer Liebe ist, meine sehr verehrten Damen und Herren: Kommen Sie nicht mit Ihren Karos! Sondern „ziehen Sie Ihre Schuhe aus"! Wissen Sie nicht immer sofort alles, was das ist und was das nicht ist! Ziehen Sie Ihre Schuhe aus, „denn das Land, auf dem du stehst, ist heiliges Land (…) Lassen Sie mich zu Homoerotik und Homosexualität nur Folgendes

90

sagen: Es gibt Ängste in der Gesellschaft vor Andersartigkeit. *Das hat aber nichts mit Anstand oder Theologie zu tun, das hat etwas mit der Urangst vor Minderheiten zu tun, die man nicht durchschaut. Und ich möchte Sie vor allem bitten, dass Sie nicht Angst haben vor etwas, das Sie nicht durchschauen. Sondern dass das Wort „Homoerotik", also „Liebe zum gleichen Geschlecht" oder „Geschlechtlichkeit innerhalb des gleichen Geschlechtes", von uns, die wir Christen sind, zunächst einmal gesehen wird als etwas, was es tatsächlich gibt. Und was sich nicht durch Wegdiskutieren wegdiskutieren lässt. (…) Es handelt sich um Menschen, für die unser Herr genauso am Kreuz gestorben ist wie für Sie und für mich.*

Und sollte Ihr Junge oder Ihr Mädchen homoerotisch angelegt sein, seh'n Sie zu, dass Sie nicht Ihre Welt zusammenbrechen lassen! Sondern denken Sie daran: das gibt's tatsächlich. Und wenn Sie fragen: „Wo kommt das her?", dann gibt es nur eine Antwort: Das bleibt auch Geheimnis!

5. Theologie ist (auch) Biografie

„Die Attacke der christlichen Apologetik auf die Mündigkeit der Welt halte ich erstens für sinnlos, zweitens für unvornehm, drittens für unchristlich. Sinnlos – weil sie mir wie der Versuch erscheint, einen zum Mann gewordenen Menschen in seine Pubertätszeit zurückzuversetzen, d. h. ihn von lauter Dingen abhängig zu machen, von denen er faktisch nicht mehr abhängig ist, ihn in Probleme hineinzustoßen, die für ihn faktisch nicht mehr Probleme sind. Unvornehm – weil hier ein Ausnützen der Schwäche eines Menschen zu ihm fremden, vom ihm nicht frei bejahten Zwecken versucht wird. Unchristlich – weil Christus mit einer bestimmten Stufe der Religiosität des Menschen, d. h. mit einem menschlichen Gesetz verwechselt wird."[88]

Dietrich Bonhoeffer in einem Brief an seinen Freund Eberhard Bethge (Tegel), 08.06.1944

Kindlich glauben

Wer brauchte vor 50 Jahren Karl May oder Heldensagen, wenn man in der Bibel zu Hause war? Ich nicht! Mein Vater erteilte uns Kindern privat Sonntagsschulunterricht, didaktisch pfiffig mit Flanellbildern unterstützt. Figurenkino auf betuchter Spanplatte. Das war so spannend, so bildend und so überzeugend, dass keine außerbiblische Literatur mithalten konnte. Die Exodusberichte, die Jesusgeschichten und die Missionsreisen des Paulus haben uns begeistert. Wir wurden früh ermutigt, Lieder und Bibelverse auswendig zu lernen. Heute staune ich, wie nachhaltig sich dieses Bibelwissen in meinem Gedächtnis verankert hat. Die Bibel hatte eine zentrale Autorität in unserer Familie. Das Wort Gottes „wohnte" reichlich unter uns (Kol. 3, 16). Da wurden die Fundamente für mein Leben gelegt. So fundiert konnte ich so manchen Sturm überstehen und dabei entdecken, dass es keinen besseren Grund gibt außer dem, der bereits in Christus gelegt ist.[89]

Pubertär glauben

Mit der Pubertät kam auch ein erstes kritisches und distanziertes Prüfen dessen, was da wie selbstverständlich die Mitte meines Denkens und Handelns geworden war.

---

88 Dietrich Bonhoeffer, Theologische Briefe aus „Widerstand und Ergebung", herausgegeben und kommentiert von Thorsten Dietz, Evangelische Verlagsanstalt, Leipzig 2017, S. 52.

89 1. Kor. 3,11.

„Entschieden" mussten wir sein, „bekehrt", „wiedergeboren" oder „gläubig". „Ist der Pfarrer auch gläubig?", so wurde gefragt. Wusste man es nicht zu sagen, war der schon durch den Test gefallen.

„Hast du schon eine Entscheidung getroffen?", wurde zum ultimativen Gesinnungstest meiner Teenagerzeit. Entschieden sollten wir sein. Für Christus!

„Wenn du ganz dem Heiland gehören möchtest, dann bete jetzt dieses Übergabegebet und fülle danach die Entscheidungskarte aus!", so sagte es Onkel Herbert vor fast 60 Jahren, als das sogenannte Janz-Team in meiner nordhessischen Heimat eine Zeltevangelisation durchführte und ich beim herzbewegenden „Ruf nach vorne" zur Bühne schlich und dort von Seelsorgehelfern betreut wurde. Es gab immer mehr Berater als Klienten. Diese Augenblicke wirkten auf mich immer wie heilige Momente, die man am liebsten festhalten würde.

Meine Freunde gingen in die Diskothek, ich ging mit meinen Eltern zur Zeltmission. Dort habe ich Freunde getroffen, da gab es auch Musik, meistens von pausbäckigen Blechbläsern, drucklosen Flöten und zartbesaiteten Gitarrenchören. Und immer wurde der beliebte Missions-Streuselkuchen serviert, zu meiner Freude auch belegte Brötchen. Es drehte sich alles nur um das eine: „Du musst dein Leben Jesus übergeben."

Nachdem ich das mir vorgebetete Übergabebekenntnis gesprochen hatte, wartete ich sehnsüchtig auf eine spirituelle Gefühlswallung, auf irgendeine emotionale Bewegung, aber da war gar nichts. War es eine reine Kopfsache, diese Lebensübergabe? Ich war so verlegen, dass ich der innigen Freude meiner Eltern ausgewichen bin. Sie waren so glücklich, dass ihr zweiter Sohn nun auch zu Jesus gehörte. Aber ich hatte doch vorher auch gebetet und meine Bibel gelesen. Ich war ein braver Junge, das Gewissen war am Wort Gottes justiert, wie vorher auch. Die Leute mochten mich netten Burschen. Was war bloß passiert in diesem kurzen Augenblick? Es war mir später peinlich, über meine Bekehrung zu reden, weil sich offenbar nichts geändert hat und weil ich nicht glauben wollte, dass ich vorher ein Heide gewesen sein sollte.

Nun war ich also gerettet. War ich vorher wirklich verloren? Hatte mein zaghafter Schritt nach vorn, mein verlegen gestammeltes Gebet tatsächlich einen Herrschaftswechsel eingeleitet? Ich war nun „wiedergeboren", aber ich war doch der Alte geblieben. War das alles? Von nun an gehörte ich nicht mehr mir selbst, auch nicht meinen Eltern. Ich gehörte Gott, meinem Schöpfer. Gefühlt blieb zwar alles beim Alten, aber ich wusste, dass mich nichts mehr von Gott trennen könnte und dass Jesus immer mein Heiland sein und bleiben würde. Darum habe ich später als Evangelist Menschen zum Glauben eingeladen. Immer wieder sprechen mich Leute an: „Wissen Sie noch, damals in ‚Frommskirchen' bei der Jugendwoche, da habe ich mich für Jesus Christus entschieden."

„Auch der Fundamentalist selbst bindet sich immer wieder in diesen Augenblick der Entscheidung zurück. Er erzählt und repetiert mit endloser Inbrunst seine Bekehrungsgeschichte und besucht Evangelisationen, die ihm helfen, den Augenblick der Entscheidung noch einmal zu erleben. Es ist eine bekannte und sehr begreifliche Tatsache, dass sich auf Evangelisationsanlässen vor allem die bereits Bekehrten gerne wieder bekehren und ihre Entscheidung für Christus vor anderen erneuern. Warum ist dieser Augenblick der

Entscheidung von derart zentraler Bedeutung, dass der Fundamen-
talist die ganze Welt in diesen entscheidenden Augenblick rufen
will und dass er sich immer wieder in diesen Augenblick zurück-
versetzt?"[90]

Gut beobachtet.

Im Jugendkreis meiner pietistisch geprägten Heimatgemein-
de habe ich einen geistlichen Aufbruch erlebt: persönliche Erweckung, zeitgemäße Evangelisation und soziales Engagement
waren seine Kennzeichen. Unser Glaube war nicht tot. Menschen
wurden sichtbar verändert. Menschen wurden frei, bekamen ihr
Leben in den Griff, fühlten sich wertvoll und geliebt. Das führte zu einem zahlenmäßigen Wachstum von zehn auf 100 Besu-
cher des Jugendkreises innerhalb von drei Jahren. Und ich durfte
dabei sein und meine musikalischen Talente in den Aufbau von
Bands und Jugendchören stecken. Von da an war ich geradezu
auf Wachstum programmiert.[91] Und immer war es „nur" die Bibel, nichts als die Bibel, die uns Maßstab, Motiv und Motivation
war. Es gab keine Zweifel. Wir lebten kindlich vertrauend von der
Hand in den Mund. „Die Bibel sagt ...! Basta!" Und sie sagte allen
dasselbe. Das hatten wir bei der „Euro 70"[92] von Billy Graham
gelernt: „The Bible says!"

Bis irgendwer sagte: „Mir sagt die Bibel aber etwas anderes!"
Oder: „Könnte man das auch anders lesen und deuten?" Dann
war Schluss mit selig! Wer so fragte, war dann entweder unter
den Kritikgeist einer „liberalen" Religionslehrerin oder den eines

---

90 Schmid, Georg: Im Dschungel der neuen Religiosität, Kreuz, Stuttgart 1992, S. 44.

91 Mehr dazu in Helmut Wöllensteins persönlichem Vorwort (1.2).

92 Die erste europaweite Evangelisation, die über TV-Satelliten von Dortmund aus in 35 Städte
    übertragen wurde.

„modernistischen" Pfarrers geraten. So sagte man uns. Und schon wucherte der giftige Spaltpilz scheinbar mangelnder Bibeltreue. Hier die Treuen, da die Untreuen. Da die gefährdeten Theologiestudenten, hier die treuen Streiter Christi in Bibelschulen und bibeltreuen Seminaren. So ging ein Riss durch unsere Reihen, so verendeten wertvolle Freundschaften.

Vom Streichelzoo auf die freie Wildbahn

Während meiner theologischen Grundausbildung konnte ich das Bibelstudium im Schutz einer sogenannten „bibeltreuen" Ausbildungsstätte betreiben. Auch während der ersten zehn Dienstjahre in Jugendarbeit, Seelsorge, Evangelisation und Ortsgemeinde war die Bibel Fix- und Drehpunkt meines Lebens. Es war eine wunderschöne und unbekümmerte Zeit. Wir lebten ja in einem frommen und zum Teil weltabgewandten Mikrokosmos, in einer geschützten Zone, ohne uns dem Atheismus und den Fragen der Aufklärung stellen zu müssen. Wir haben nichts anderes gehört, nichts anderes gelesen, insofern gab es auch gar keine glaubensgefährdenden Debatten. Wir waren geschützt in unserem vertrauten Milieu. Was außerhalb war, interessierte uns nicht.

Ich erinnere mich an einen Laienprediger, der öffentlich empört über Dorothee Sölle herzog und ihre feministische Theologie als brandgefährlich deklarierte. Auf meine Frage, was er denn von ihr gelesen und möglicherweise gar nicht verstanden habe, kam nichts. Er hatte nicht *ein* Buch von Sölle gelesen, aber sein rabiates und ignorantes Urteil stand fest. Er galt als ein besonders gesegneter Durchblicker in „dieser unserer Zeit endzeitlicher Verführung". Und da war es auf einmal, das Gefühl, sich fremd schämen zu müssen. Ich bin kein Vertreter der feministischen Theologie, aber einfach dagegen sein reicht nicht.

Und als die Evolutionstheorie in den Biologieunterricht Einzug hielt, wurden deren Vertreter kurzerhand als gemeingefährlich eingestuft. Und so kam man auf die Idee, die biblische Schöpfungserzählung mit einer naturwissenschaftlichen Theorie zu vergleichen. Bevor wir uns kritisch mit dieser Theorie auseinandersetzen konnten, um diese wenigstens ansatzweise zu verstehen, war längst klar, dass wir dagegen sein mussten. So versuchte ich mit der Weisheit eines Zwei-Mark-fünfzig-Taschenbuchs eine Theorie zu bekämpfen, weil wir meinten, den biblischen Schöpfungsbericht verteidigen zu müssen. So als würde die Bibel ohne unseren Verteidigung unter die Räder dieser Theorie kommen. Der Rationalismus in uns wollte Adam und Eva datieren. Das musste schiefgehen. Wir merkten gar nicht, dass wir uns dabei der Argumente der Gegenseite bedienten. Wir wollten nur noch glauben, was profan-historisch gesichert war. Wir wollten nicht „nur" *glauben*, wir wollten es *wissen*.

In den Siebziger- und Achtzigerjahren trat dann der englische Biochemie-Professor Dr. Arthur E. Wilder Smith als Hoffnungsträger der Kreationisten auf, zunächst mit seinen Publikationen, dann als ein Kritiker der Evolutionstheorie, der seinen Standpunkt auf hervorragend besuchten Konferenzen vertreten durfte. Ich erinnere mich gut an seinen Ehrfurcht gebietenden Auftritt 1977 bei der Deutschen EC-Tagung in Minden. Endlich hatten wir einen akademisch honorierten Counterpart zu

Darwin und Genossen vorzuweisen. Unsere Erwartungen waren hoch; doch wir verstanden längst nicht alles und diese Episode hat sich nicht als überzeugende Alternative zur Evolutionstheorie in der Forschungsliteratur etabliert.

Irgendwann haben auch wir gelernt, die unterschiedlichen literarischen Gattungen zu unterscheiden. Wer das verstanden hat, muss nie wieder über die Evolutionstheorie streiten. Mittlerweile achte und schätze ich die Forschung, die nicht fromm argumentiert, sondern wissenschaftlich redlich und dabei demütig antreten soll, um die Entstehung des Universums zu erklären. Seriöse Wissenschaft bedient keine religiösen Gefühle, aber sie weiß auch, dass ihr Wissen Stückwerk ist, vorläufig und bruchstückhaft. Es wäre zu wünschen, dass evangelikale Forschungsorganisationen wie WORT & WISSEN sich nicht nur reaktiv und von der Öffentlichkeit unbemerkt gelegentlich zu Wort melden, sondern sich aktiv mit eigener Forschungsarbeit positiv einmischen.

Ein gutes Beispiel gibt der Münchner Mikrobiologe Siegfried Scherer, der selbst jahrelang Vorsitzender von WORT & WISSEN war (!):[93]

„Als Naturwissenschaftler arbeite ich zunächst ohne Bezug zum Glauben, doch gibt es Bereiche, in denen sich Glaube und Naturwissenschaft begegnen. Hinsichtlich des Ursprungs und der Geschichte des Universums, des Lebens und des Menschen befassen sich Glaube („Schöpfung") und Naturwissenschaft („Evolution") mit der Frage nach dem „Woher", dem „Wie", dem „Wohin" und dem „Warum" der

---

93 Der experimentell arbeitende Naturwissenschaftler leitet den Lehrstuhl für Mikrobielle Ökologie am Department für Grundlagen der Biowissenschaften der Technischen Universität München.

Welt. Sie geben je eigene Antworten und stehen dabei in fruchtbarer und spannungsreicher Beziehung. (...) Die öffentlich in den Medien geführte Auseinandersetzung um den Ursprung des Lebens wird bedauerlicherweise mit zunehmender Schärfe geführt. Als Christ und als Naturwissenschaftler kritisiere ich zwar wichtige Aussagen der Makro-Evolutionstheorie. Um Missverständnissen vorzubeugen sei aber betont, dass meine wissenschaftlichen Einwände keine Kritik an Personen oder an den unbestrittenen wissenschaftlichen Erfolgen der Evolutionsbiologie sind. Persönlich verdanke ich meinen allesamt evolutionsbiologisch ausgerichteten Lehrern durch die in Schule, Studium und Forschung genossene Ausbildung viel. Nicht zuletzt fand ich unter ihnen menschliche Vorbilder, die mich geprägt haben."[94]

Seriöse Naturwissenschaft äußert sich nicht kritisch zu einer biblischen Erzählung. Das ist das Fachgebiet der Theologie! Und so sollten wir eine bestimmte Theorie zur Entstehung der Welt nicht zum *status confessionis* erheben. Christen bekennen sich zum dreieinigen Gott, zum Schöpfer Himmels und der Erden, nicht zu einer Lehre des Kreationismus oder des Intelligent Design.

Die Neuen Atheisten wie z. B. Dawkins stehen mit ihrem geradezu missionarisch getriebenen Hass auf Christen außerhalb seriöser Wissenschaft. Ihr ambitioniertes Sendungsbewusstsein hat sie zu Sektierern des Atheismus gemacht.

Im Zuge der Debatte um die Evolutionstheorie geriet ich mehr und mehr in eine prinzipielle Distanz zu den Naturwissenschaften. Der einfache, klare, schlüssige und apologetisch tapfer

---

94 http://www.siegfriedscherer.de/persoenlich.html.

vertretene Glaube hatte sich klammheimlich in einen Wissenschaftsskeptizismus und einen Kulturpessimismus verwandelt. Und das mit weitreichenden Folgen. Wir fühlten uns genötigt, die Bibel vor einer Begegnung mit der Wissenschaft zu schützen. Also eine nachträgliche Konfrontation mit der Aufklärung. Was uns fremd war, wurde arrogant ignoriert. Wir wollten nur das glauben, was historisch gesichert ist.

Wenn ein Theologe z. B. die Sintflut-Erzählung als Tatsachenbericht ablehnt, weil die geologische Forschung darauf keinen Hinweis findet, dann haben wir uns dafür verkämpft, auch wenn alles dagegen sprach. Wir wollten nicht „glauben", wir wollten faktensicher „wissen". Thorsten Dietz geht in seinem Buch „Weiterglauben" auf die Sintflut-Erzählung ein und bezieht sich auf den bekennenden Christen, den Geologen Helmut Brückner. Daraufhin wurde in idea-Spektrum vom 09.08.2018 ein Leserbrief von einem Vertreter von WORT & WISSEN veröffentlicht: „Wenn die Sintflut-Erzählung nicht auf Tatsachen beruht, hat ihre Theologie gar keine Basis." Meine theologischen Lehrer Theo Wendel und Karl-Heinz Bormuth waren von den pietistischen Bibelwissenschaftlern Adolf Schlatter, Karl Heim und Hellmuth Frey geprägt, die längst kein Problem mehr mit dem sinnbildlichen Verständnis der Urgeschichte hatten.

Vieles, was von außerhalb unseres Milieus an uns herantrat, wurde reflexartig abgewehrt. Kam ein Arzt oder Therapeut auf die Idee, chinesische Heilkunst anzuwenden oder Homöopathie oder Akupunktur, lehnten wir entschieden ab, einfach aus Sorge, dass wir über diese fremden Kanäle anfällig für eine Vergiftung unseres Glaubens werden könnten. Bevor wir uns auf fernöstliche – immerhin seit fast 1000 Jahren vor Christus bewährte –

Medizin einließen, vertrauten wir uns lieber der neusten Apparatemedizin an. Und immer saß die Angst im Nacken, wir könnten unser Heil verlieren, wenn wir uns auf das „Östliche" einlassen, das „Westliche" war per se immer das Bessere.

Wir wollten nur das an uns heranlassen, was wissenschaftlich und historisch gedeckt war. Deshalb wurden z. B. christliche Heilpraktiker kritisch observiert und in die Schublade Okkultismus verfrachtet. So ging es auch den ersten christlichen Öko-Landwirten. Sie wurden von den altvorderen Bauern als Sektierer beschimpft und von den Frömmsten des Okkultismus verdächtigt. Das ist irrationales, metaphysisches Terrain hinter den sichtbaren und erfahrbaren Realitäten, aber wir wollen rationale Beweise. So bedienen wir uns der Argumente der Aufklärung und sind im Zweifelsfall lieber bei der Schulwissenschaft als bei den alternativen Welt- und Sinndeutungen.

Und als ob der biblische Sündenkatalog uns nicht genug Gewissensqualen bereitete, wurden bestimmte Phänomene der damaligen Zeit flugs mit dem Label „Sünde" etikettiert:

- Mit der neuen aufgeklärten Sexualpädagogik der sogenannten „Frankfurter Schule/Neue Linke" kamen die bis dahin von den Evangelikalen[95] eifrig bekämpften sexuellen Sünden unter die Räder der neuen Zeit. Ohne diesen Einbruch der Neuen Linken in die Reihen der Frommen würden wir heute noch vor der Selbstbefriedigung warnen, obwohl die Bibel dazu keine Stellung nimmt und auch dem Letzten klar geworden ist, dass jeder Pubertierende diese

---

95 Vertreten durch den Fachverband für Seelsorge und Sexualethik „Weißes Kreuz".

homoerotische Phase erlebt und dass das nichts mit Sünde zu tun hat. Wir Evangelikalen fordern oft öffentliche Distanzierungen von scheinbar bibelwidrigen Ansichten. Ist schon mal einer auf die Idee gekommen, sich öffentlich dafür zu entschuldigen, dass in unseren Kreisen junge Menschen in sexualethischer Hinsicht in Gewissenskonflikte gebracht wurden?

· Mit den Beatles brachen dann die Dämme des wasserdicht geglaubten Reservats der Seligen. Es dauerte nicht lange, bis Rock 'n' Roll, Blues, Jazz und Rock zum Inbegriff satanischer Verführung wurde.[96] Da dachte ich mir: „Why should the devil have all the good music?"[97] Es wurde sogar zur Vernichtung bestimmter Tonträger aufgerufen.

Damals hatte ein streitbarer EC-Jugendkreis in Düsseldorf eine Bücherverbrennung am Rheinufer inszeniert, die mediale Aufmerksamkeit generierte. DIE ZEIT vom 15.10.1965: *„Dann züngelten die Flammen empor. Neben billigen Romanheften, Kinoreklamebildern und Pin-up-girl-Ausschnitten aus Jugendzeitschriften befreiten sich die entschiedenen Christen auch von Erich Kästners ‚Herz auf Taille‘, Günter Grass’ ‚Blechtrommel‘, Albert Camus’ ‚Der Fall‘, Françoise Sagans ‚In einem Monat, in einem Jahr‘ und von Vladimir Nabokovs ‚Lolita‘."*

---

96 Der bekannte Evangelist Dr. Gerhard Bergmann kommentierte 1965 die königliche Ordensverleihung an die Beatles so: „Ich halte diese Ordensverleihung für eine Verirrung … Durch diesen Akt ist das musikalische Analphabetentum hoffähig geworden." (Gerhard Bergmann, Tagebuch eines Evangelisten, Gladbeck 1969)

97 Warum sollte alle diese gute Musik dem Teufel gehören?

Spätestens da wurde mir klar, dass irgendwann nicht nur die Bücher brennen, sondern auch die Autoren, indem man sie öffentlich brandmarkt.

- Dann war es die Gruppendynamik, vor deren Gefahren wir gewarnt wurden.[98] Und überall witterte man Spiritismus und Okkultismus. Ob in angeblich verhexten Botschaften auf rückwärtslaufenden Tonträgern oder in angeblich von einem Medium besprochenen Babywindeln.

Das gab den immer Besorgten Auftrieb, die unter dem Motto „Sie wollen alle nur deine Seele" dem Exorzismus verfielen und hinter jedem Baum den Bösen vermuteten. Dies alles gepaart mit Endzeitspekulationen und apokalyptischen Zerfallstheorien bildete den Kompost, auf dem unser Widerstand gedeihen konnte. Sollte diese Angstmache wirklich dem Geist des Evangeliums entsprechen? Sicher nicht!

Das Klischee vom ungläubigen Pfarrer

Von Mitte der Achtziger- bis Mitte der Neunzigerjahre war ich bundesweit als Jugendevangelist unterwegs. Jugendwochen in

---

98 Horst Klaus Hofmann, „Psychonautik-Stopp!"

Zelten, Kirchen, Stadthallen, Diskotheken, Open Air oder in der geschützten Zone des Gemeindezentrums. In vielen Orten wurde ich mit den Worten empfangen: „Bei uns ist besonders harter Boden." (Kleiner Einschub: Woran erkennt man eine Evangelisten-Pizza? Am harten Boden …) Der geistlichen Bodenanalyse wurde dann oft die Ergänzung nachgereicht, dass die Erweckungsbewegung nie bis nach „Pusemuckl" gekommen sei. Und nicht selten wurde das Klischee vom „ungläubigen Pfarrer" bedient.

Ich habe in meinem ersten Wirkungskreis einmal einen Pfarrer besucht, der von den Gläubigen als „nicht gläubig" verdächtigt wurde. Ich wollte es aber genau wissen. So saßen wir bis spät in die Nacht bei einem trockenen Rotwein zusammen. An der Wand seines Studierzimmers hing das legendäre Bild „Der breite und der schmale Weg". Er erzählte mir, wie er die „entschiedenen", „wiedergeborenen" und „bekehrten" Christen erlebt hatte. Am Ende des Abends waren wir eins in Christus, zwar theologisch anders geprägt, aber in herzlicher Wertschätzung durch Jesus Christus verbunden. Von diesem Abend an weiß ich, was „fremdschämen" heißt. Ich habe zwar nicht mehr viel zu melden, aber ich rate, die Einteilung in „gläubige" und „ungläubige" Pfarrer aufzugeben. Weil es lieblos, verletzend und ignorant ist.

Ich habe im Fachbereich praktische Theologie den Studierenden immer empfohlen, das vor Ort Vorfindliche zu würdigen und in die Planung missionarischer Veranstaltungen mit einzubeziehen. Dazu gehört einfach, dass ein neuer Pastor vor Ort das Gespräch mit den Pfarrkollegen sucht. Wer einmal miteinander gefrühstückt hat, wird bald miteinander beten, auch wenn die katholischen oder landeskirchlichen Kollegen die Deutsche Evangelische Allianz für einen protestantischen Versicherungskonzern und das evangelikale Leitmedium idea für einen Drogeriediscounter halten. Ohne diese Vorarbeit des wechselseitigen Vertrauens kommt es nicht zu einer vernünftigen theologischen Abstimmung, die zum Beispiel für eine gemeinsam veranstaltete Evangelisation unabdingbar ist. Hier hat sich elitäres Denken auf beiden Seiten viel zu lange halten können.

Ich sehe eine neue Pfarrergeneration heranwachsen, die nicht mehr pfarr-herrlich oder pfarr-dämlich klerikal einen Alleinvertretungsanspruch demonstriert, sondern sich lernfähig und wertschätzend in die Strukturen und Kontakte begibt, die sie vorfindet. Das Klischee vom ungläubigen Pfarrer ist reif für die Abschaffung. Wer sich in der Christologie und Soteriologie in der Mitte findet, der kann sich Differenzen an der Peripherie des Kirchenverständnisses, des Taufverständnisses, der Eschatologie leisten. Das, was „Christum treibet", reicht als Bemessungsgrundlage einer Zusammenarbeit vor Ort.

Geschüttelt und gerührt

Mit diesem biografischen Protokoll meines in der Krise geprüften Schriftverständnisses will ich bezeugen, wie mich Gott aus meiner ignoranten Sehstörung herausgeführt hat. Die Erfahrung einer unheilbaren neurologischen Krankheit hat mit dazu beigetragen, dass ich mich auch in der Theodizeefrage noch einmal neu ausgerichtet habe. Die Erfahrung dieser Krankheit hat mich sicher auch theologisch verändert. Gott hat mich in der Parkinsonkrise in eine ganz besondere Segensschule berufen. Ich habe auf dem Tiefpunkt meiner Verzweiflung im Kampf mit der biblischen Hiobserzählung fast meinen Glauben verloren. Wer an diesem Buch nicht verzweifelt, wird auch nie den kostbaren Schatz heben, der in diesem Buch schlummert. Ich glaube inzwischen, dass das Wesen Gottes, das Wesen des Satanas und das Schicksal des Hiob nur von den Leidenden verstanden wird.

Ich werde im kindlichen Glauben, im vollen Vertrauen, dass Gott alles kann und dass sein Wort absolut vertrauenswürdig ist, in die Ewigkeit eingehen. Aber um der Zweifler und intellektuellen Kritiker, um der Atheisten und Agnostiker willen, denen das naive „Gott kann alles" einfach nicht den Weg zum Glauben an den dreieinigen Gott eröffnet, um derentwillen habe ich mich auf den Weg dieses Buches gemacht.

Der Marburger systematische Theologe Thorsten Dietz fasst in seinem Buch „Sünde – was Menschen heute von Gott trennt" ideal und kompakt zusammen, welchen Weg mein Schriftverständnis genommen hat. Ich will die Möglichkeit des Zweifels ernst nehmen. Diese Erschütterung unserer schlicht gezimmerten Barrikade wider die Gottesverächter und Bibelleugner tut gut. Sie rüttelt die Bodenplatte unseres Glaubens in den festen Grund der Offenbarung Gottes.

„Christen können nicht im Ernst erwarten, dass irgendjemand die mögliche Wahrheit ihres Glaubens erwägt, wenn sie den Gedanken seiner möglichen Falschheit nicht zulassen wollen. Mir scheint es für heutiges Christsein geradezu unverzichtbar, die Möglichkeit des Zweifels ernst zu nehmen. Wie wollen Christen glaubwürdig dafür werben, mit der Möglichkeit des Glaubens zu rechnen, wenn

sie selbst die Option des Unglaubens als völlig indiskutabel hinstellen? Wer selbst nicht bereit ist, in den Abgrund zu schauen, wer von der Möglichkeit eigener Selbsttäuschung gar nichts wissen will, wie kann der glaubwürdig andere darauf hinweisen, dass ihr Unglaube – Gott sei Dank – eine Selbsttäuschung sein könnte?"[99]

Die nüchterne Einsicht, dass ich so langsam in eine unaufhaltsam körperliche Hinfälligkeit komme, hat mich getrieben, Stationen meiner theologischen Pilgerreise zu protokollieren. Ich lebe seit dieser Diagnose ein anderes Leben: ein geprüftes, geschütteltes und gerührtes Leben. Der Baum meiner sicher geglaubten Theologie wurde entlaubt, die Wurzeln freigelegt. Das welke Laub meiner Selbstdarstellung wurde vom Sturm des Zweifels weggefegt. Heute weiß ich, dass ich in meiner persönlichen Lebenskrise tiefere Wurzeln geschlagen habe. Ich weiß um die Begrenzung meines Lebens, aber ich kann mich auch an der Weite freuen, in die Gott mich in meinem zweiten Leben geführt hat. Die Bibel ist mir treu geblieben, auch wenn ich in Zeiten schwerer Anfechtung nicht mehr nach ihr gegriffen habe. Insofern war ich nie bibeltreu. Ich war untreu, nachlässig, vergesslich.

Was mich bis heute tief bewegt und immer wieder neu begeistert, ist die Tatsache, dass in diesen bibellosen Phasen Gott mir mit seinem Wort nicht von der Seite gewichen ist. Er war und ist und bleibt treu. Sein Wort ist meines Fußes Leuchte und ein Licht auf meinem Wege.

Was ich heute bin, das bin ich erstens durch die Gnade Gottes, zweitens durch die Prägung meiner Eltern, drittens durch das persönliche Bibelstudium und die theologische Reflexion, vier-

---

99 Thorsten Dietz, Sünde – was Menschen heute von Gott trennt, SCM, Holzgerlingen 2016, S. 204.

tens durch das Leben, das meinen Glauben geformt, erschüttert und immer wieder neu befestigt hat, und nicht zuletzt auch durch Menschen, die aus ganz anderen Prägungen kommen und mir Fremdes zugemutet haben. Das Fremde wurde zunehmend vertraut und das Vertraute wurde mir manchmal zunehmend fremd.

Erfahrungen mit einem leibhaftigen Atheisten

Vor ein paar Jahren wurde ich zu einer Talkshow eingeladen. Es ging um unser Gottesbild angesichts des Leids in dieser Welt, also um die Theodizee-Frage. Einer der Talkpartner war einer der bekanntesten Atheisten Deutschlands. Er wurde 1968 als Autor der inzwischen wieder aufgelegten Streitschrift „Das Elend des Christentums oder Plädoyer für eine Humanität ohne Gott"[100] bekannt. Während meiner theologischen Ausbildung in den Siebzigerjahren wurde ich von besorgten Schriftgelehrten vor diesem „Gottesleugner" gewarnt. Damit war das Feindbild manifestiert. Als wir vor der Produktion noch beide gepudert und lackiert in der Maske saßen, so putzig mit Umhängchen, da zerbröselte das Bild vom bösen Atheisten und Gottesleugner.[101] Er

---

100 Joachim Kahl, Das Elend des Christentums, Tectum Wissenschaftsverlag, Marburg 2014.

101 Stellen Sie sich Ihren theologischen Gegner in einem Kosmetikumhang vor, den gerade eine Visagistin spachtelt, pudert und lackiert. So verliert er seinen Schrecken. Und so ohnmächtig er in diesem Augenblick ist, so machtlos ist er tatsächlich. Gute Übung zur Überwindung manifestierter Blockaden.

hatte von meinem Parkinson-Buch[102] gehört und war mir gleich zugetan. In der Talkrunde haben wir uns verbal duelliert, höflich und kantig, aber am Ende waren wir uns einig, uns bald wieder treffen zu wollen.

Ich verfolge mit großem Interesse den neuen argumentativen, aggressiven und geradezu missionarischen Atheismus, der sich so verletzt zeigt, dass er sogar antichristliche Kampagnen initiiert. Man muss heute schon einen starken Glauben haben, um in dieser so verunsicherten Zeit überzeugt Atheist zu sein. Mich interessiert, warum Menschen Gott, Glaube und Kirche hinter sich lassen und doch nie ganz davon loskommen.

Inzwischen pflege ich mit dem älteren würdigen Philosophen alle vier Wochen bei knusprigen Cookies und Kaffee im zum Marburger „Christustreff" gehörenden Café Context eine inspirierende Kaffeefreundschaft. Wir teilen unsere so unterschiedlichen Lebenserfahrungen. Der Atheist, der in seiner Jugend christliche Traktate verteilt hat und im Theologiestudium völlig vom christlichen Glauben abkam, vorübergehend Marxist und in der sogenannten „Frankfurter Schule" zu einem Verfechter der Religionskritik und des Humanismus aufgerüstet wurde, und ich als Christ, der ihm zwar nicht das Wasser, aber doch einen Kaffee reichen kann.

So spannend ich Bekehrungsgeschichten finde: Noch spannender sind Entkehrungsgeschichten[103]. Warum schmeißen kluge Menschen den frommen Bettel hin? Irgendwann sagte ich zu meinem alten Kaffeefreund: „Sie können gar kein Atheist sein,

---

102 Jürgen Mette, Alles außer Mikado, Leben trotz Parkinson, Aßlar, 2013.

103 Tobias Faix, Martin Hofmann, Tobias Künkler, Warum ich nicht mehr glaube, SCM R.Brockhaus, Holzgerlingen 2015.

Sie sind ja heiter!" (Inzwischen sind wir per Du.) Warum das so gut funktioniert? Er ist kein „bekennender" Atheist, kein Eiferer, wie z. B. Richard Dawkins, der geradezu mit missionarischer Vehemenz Christen verächtlich macht.[104] Er will mich nicht gewinnen und ich will ihn nicht besiegen. Er analysiert fundiert und fair, ist umfassend vertraut mit den Schwachpunkten des Systems Glaube, Bibel und Kirche. Und er kann respektvoll zuhören, was manch fromme Leute erst noch lernen müssten. Und ich kann mich völlig entspannt als Jesus-Freund outen. Ich *bezeuge*, das erspart mir den Reflex, ihn *überzeugen* zu müssen. Übrigens, wer sein Buch liest und verarbeitet und dabei nicht vom Glauben abfällt, der bekommt die höheren Weihen christlicher Apologetik.

Das Gleiche gilt für den muslimischen Vertreter auf der Bühne. Als er in der Talkshow von einer schneidigen Katholikin mit der Story „10 Jungfrauen zur himmlischen Belohnung für die islamischen Terroristen" provoziert und ihm Koranverse serviert wurden, die zur Gewalt aufrufen, da hat er nicht zurückgebissen. Er hat die Polemik einfach ins Leere laufen lassen. Er hätte leicht damit kontern können, dass der Gott Abrahams, Isaaks und Jakobs oft genug zur Gewalt gegenüber Ungläubigen aufgefordert hat. Hätte er diese Karte gezogen, wäre der Gesprächsprozess eskaliert.

Hörend verstehen, nachfragen, den Mensch sehen, nicht seine Religion. Und sich dem „Das-muss-doch-mal-gesagt-werden-Reflex" entziehen, manchmal auch verweigern. Das schlagende Argument nicht wie eine Verbalgranate zünden, sondern

---

104 Autor des Bestsellers „Der Gotteswahn", Ullstein, Berlin 2007.

es entschärfen, auf den Knalleffekt verzichten. Dann muss keiner vorsorglich evakuiert werden. Und wir können uns immer wieder begegnen – ohne rote Ohren und kalte Füße zu bekommen. Wer Muslime in seinem Freundeskreis hat, wird nicht verallgemeinernd über den Islam urteilen, der empört sich auch nicht mehr, wenn z. B. christliche Kirchenvertreter eine respektvolle Grußbotschaft zum Ramadan schicken. Und wer einen Moslem zum Freunde hat, der darf bitter über die brutale Christenverfolgung in der arabischen Welt klagen, über die Gräueltaten, die im Namen Allahs an Christen vollzogen werden, der darf sich für Freiheit für die christlichen Kirchen unter dem Halbmond einsetzen. Dafür stehe ich gern auf. Aber ich setze mich argumentativ schnell wieder hin, wenn ich an blutige Exzesse der Geschichte Israels und der Kirchengeschichte denke.[105]

Wer die Verwundeten verbinden will, muss zu Boden gehen. Wo der „Aufstand" zerbricht, finden sich die Kontrahenten auf Knien wieder. Es ist Zeit zum Aufstehen, um sich quasi kniend dienend und pflegend, Füße waschend auf Augenhöhe zu begegnen.

Auf dem Weg von Jerusalem nach Jericho war einer unter die Räuber gefallen. Auf dem Weg der Verständigung zwischen Rom und der protestantischen Welt ist so mancher unter die Räuber gefallen. Jetzt hat Papst Franziskus das Tabu gebrochen und sich für die Verfolgung von Pfingstlern entschuldigt, weil „unter diesen Verrückten (Verfolgern) auch Katholiken waren". Was für ein befreiendes und kraftvolles Signal. Was hindert uns Evangelikale in diesem Sinne gleich weiterzumachen?

---

105 Ich empfehle dazu die Lektüre von „Der Jesus-Dschihad" von Dave Andrews, Gerth Medien, 2017.

Zwischen Rom und Wittenberg, Dillkreis und Westerwald, Gnadau und Herrnhut, Hermannsburg und Bad Blankenburg, Wiedenest und Langensteinbach, Erzhausen und Elberfeld, Bad Liebenzell und Bad Gandersheim, Rehe und Altensteig, Neuendettelsau und Marburg[106] ist auch so mancher zwar nicht unter die Räuber, aber unter die Schneider gefallen.

Ich suche den Dialog, die Tischgemeinschaft mit denen, die das Tischtuch zerschnitten haben. Und es fängt innen an, im eigenen Lager. Ich weiß nur zu gut, dass hinter beinharten Argumenten verletzte Seelen stehen. Darum soll es ein barmherziges Buch sein. Freilich gepfeffert und gesalzen, aber immer charmant, frei nach Kolosser 4,6: Eure Rede sei charmant (en chariti) und mit Salz gewürzt.

Warum gelingt hier und da ganz bescheiden der Dialog mit anderen Religionen oder gar mit dem Atheismus, während manche Jesus-Leute partout nicht miteinander reden wollen, sich gegenseitig vom Abendmahl ausschließen und sich den „rechten" Glauben absprechen? Warum beschwören besorgte Endzeitexperten immer wieder neue Verfallstheorien im Sinne von „Es wird alles immer schlimmer!", um sich hienieden als Prämilleniaristen, Postmilleniaristen, Amilleniaristen oder Dispensationalisten möglichst „bibeltreu" zu trennen, um dereinst als begnadete Sünder wieder gemeinsam vor Gott zu stehen?

Wir brauchen eine geistlich motivierte Charmeoffensive unter den Bedenkenträgern und Meinungsführern, das Gespräch zwischen Empörten und solchen, die aus erfahrener Barmherzigkeit selbst barmherzig werden. Es gibt immer noch zu viele Empör-

---

106 Geistliche Zentren der evangelikalen Bewegung.

te, auch und gerade unter Christen. Was fehlt, sind barmherzige Träger der Hoffnung, stille Mahner und Versöhner, Beter und Diener. Und die müssen äußerlich nicht gesund sein, von innen heil sein reicht. Deren Vollmacht besteht in einer geheimnisvollen Ohnmacht. Diese sind es, die die Welt nachhaltig verändern.

Mein Bibelverständnis

Die Bibel ist eine Sammlung von Büchern, die die normative Basis für das Judentum und das Christentum bilden. Bevor die ältesten Bücher des Alten Testaments niedergeschrieben wurden, waren sie Gegenstand äußerst gewissenhafter mündlicher Überlieferung. Die Familienväter unterrichteten die Kinder z. B. über den Exodus von Ägypten nach Kanaan und gaben die lebensrettende Botschaft des „Gottes der Zwangsarbeiter" von Generation zu Generation weiter. Vermutlich im 9. Jahrhundert v. Chr. begann dann die schriftliche Dokumentation der Texte. Im 5. Jahrhundert v. Chr. haben jüdische Schriftgelehrte begonnen, die historischen und poetischen Bücher redaktionell zu sichten und zu bündeln. Wir können davon ausgehen, dass von der mündlichen Überlieferung bis zur Abfassung des jüngsten alttestamentlichen Buchs ein Jahrtausend vergangen ist.

Gott schreibt nicht, wenn man einmal von der Exodusgeschichte absieht, in der erzählt wird, er selber habe die Zehn Gebote mit seinen bloßen Fingern in Stein graviert.[107] Gott lässt erzählen und er lässt schreiben. Von dem Tag an, als Mose mit zwei mineralischen Festplatten von der Bergtour zurückkam, hat die Welt einen Wertekodex in Form des Dekalogs, der bis heute Basis vieler Landesverfassungen und Grundgesetze weltweit bildet. Es gibt nichts Besseres. Wer diese zehn Regeln ernst nimmt, wird das Gemeinwesen befrieden und bewahren.

Aber wie riskant ist diese Offenbarung Gottes dokumentiert? Was für ein fragiles Unterfangen seiner Offenbarung in Raum und Zeit! Auch Jesus schreibt nicht, er lässt schreiben. Hätte man ihm nicht wenigstens die Mitschrift seiner Seligpreisungen aus der Bergpredigt vorlegen und von ihm per Unterschrift autorisieren lassen können? Warum haben wir kein historisch gesichertes Schriftstück vom Gottessohn? Das würde doch die Beweisführung gewaltig erleichtern! Vielleicht hat er ja sogar geschrieben, aber keiner hat die Notiz auf Papyrus aufgehoben. Es hat doch vermutlich kaum einer damit gerechnet, dass aus den Worten Jesu jemals eine Weltkirche mit über zwei Milliarden Christen entstehen würde. Die ersten Christen waren doch auf die Endzeit eingestellt, die ja mit dem Kommen Jesu angebrochen war. Die Offensive des römischen Feldherrn Titus im Jahr 70 n. Chr. hat Angst und Schrecken über Jerusalem gebracht, aber es war nicht das Ende. Es war der Anfang der Endzeit. Die Zerstörung des Tempels wurde als Zeichen der Endzeit im Blick auf die Wiederkunft Jesu und das Ende der Welt gedeutet (vgl. z. B. Mt. 24,3).

Paulus – auf der Höhe der Zeit – mailt neben persönlichen Briefen Zirkularbotschaften an die jungen Gemeinden (1. Kor. 1,2b).

---

107 2. Mose 31,18.

116

Die Veröffentlichung dieser Briefe kommt einem öffentlichen Posting gleich. Auch wenn es um die Jahrhundertwende vom 2. zum 3. Jahrhundert schon recht verbindliche Sammlungen von neutestamentlichen Schriften gab, ist die endgültige Komposition der 27 Buchteile zum neutestamentlichen Kanon erst im 4. Jahrhundert zustande gekommen. Seitdem ist das „junge" Testament die theologische Grundlage der Christenheit. Dieses Buch ist von Menschen verfasst worden, insofern ist es ein Buch, das man mit anderen Büchern vergleichen kann. Dieses Buch zeigt gleichzeitig Gottes Handschrift, in dem er die Autoren übernatürlich inspiriert und geleitet hat, insofern ist es mehr als ein Buch. Die Bibel ist das Zeugnis von der Offenbarung Gottes, die zunächst mündlich höchst zuverlässig tradiert und später, als die Schreibwerkzeuge und Datenträger zur Hand waren, schriftlich dokumentiert und konserviert worden ist. Und doch ist die Bibel mehr als ein Medium. „Das Wort wurde Fleisch und wohnte unter uns" (Joh. 1,14), es wurde Mensch – in Jesus Christus, aber auch in uns, die wir dieses Wort lesen, verstehen und austeilen (vergl. Lk. 10,16).

Was hätte es genützt, wenn Luther die Bibel in die deutsche Sprache übersetzt hätte, aber nicht zeitgleich ein Kopierverfahren für Printmedien auf den Markt gekommen wäre, Gutenbergs Druckerpresse? Und was hätte die Erstauflage von 3.000 Kopien genützt, wenn nicht Philipp Melanchthon das Schulwesen vorangetrieben hätte, damit nicht nur der Klerus, sondern ein sehr viel größerer Anteil der Bevölkerung die Bibel lesen konnte? So bediente sich Gott modernster Kopiertechnik und einer Reform des Bildungswesens, um sein Wort höchst effizient zu multiplizieren. Nur weil die drei Faktoren Übersetzung, Buchdruck und

Schulreform zusammenkamen, konnte die Bibel zum Weltbestseller werden.

Gott offenbart sich in Jesus Christus. Er bedient sich aber auch eines Printmediums, einem innovativen Werkzeug modernster Nachrichtenübermittlung.

Da die Bibel zu den in Raum und Zeit gewordenen Dingen gehört, nicht zu den ewigen und göttlichen Dingen, darum ist sie nicht eine zusätzliche Qualität der Trinität. Deshalb glauben Christen im Unterschied zum Islam nicht *an* die Bibel, sondern vertrauen dem Gott, der seine Offenbarung *in* diesem Printmedium bezeugt. Die Barmer Theologische Erklärung statuiert: „Jesus Christus, wie er uns in der Heiligen Schrift bezeugt wird, ist das eine Wort Gottes, das wir zu hören, dem wir im Leben und im Sterben zu vertrauen und zu gehorchen haben."

Gott kommuniziert mit seinen Kindern auf unerklärbare Weise. Er richtet Zuspruch und Anspruch an uns, wenn wir uns bedingungslos auf ihn einlassen. Die Beschäftigung mit der biblischen Botschaft weckt meinen Glauben und bewahrt ihn. Ich erkenne aber auch, dass dieses Buch das Potenzial hat, Unglauben zu wecken und Menschen geradezu in den Atheismus zu treiben.

Die von den Reformatoren vertretene „Klarheit der Schrift" (claritas scripturae) bezeugt, dass wir in der Bibel das Angesicht Gottes in Jesus Christus klar erkennen.[108] Darum brauchen wir außer der Schrift nichts weiter zu unserer Rettung (Genügsamkeit der Heiligen Schrift)[109].

„Jesus Christus selbst ist die entscheidende Offenbarung Gottes.

---

108 Joh. 1,18; 2. Kor. 3,18; 4,6.

109 Sufficientia scripturae.

Die Bibel ist Gottes Offenbarung in einem gewordenen, entstandenen Printmedium. Und dieses Printmedium hat nur ein Ziel, ein Zentrum: Christus. „Ich sehe schlicht einfach eine erhebliche Verdunkelungsgefahr für die biblische Botschaft, wenn man diese nicht auf ihre Mitte hin liest, sondern insgesamt einen Maßstab von Irrtumslosigkeit aufrichtet, den man aus der Bibel selbst gar nicht ableiten kann."[110]

Die Bibel ist trotz Zweifel und Krisen meine Burg geblieben, Fundament meines Glaubens, Quelle meiner Zuversicht, Basis meines Denkens, Maßstab meines Lebens, Liebesbrief aus dem Vaterhaus, Beichtraum meiner Zielverfehlungen, Zuflucht meiner Verzagtheit, Refugium meiner Stille, Spital meiner körperlichen Begrenztheit, Tanzboden meiner Heiterkeit, Konzertbühne meiner Lebensfreude und das Ticket fürs Finale!

Von der Treue zu einem heiligen Buch

Die uns so vertraute und selbstverständliche Typenbezeichnung „Heilige Schrift" geht uns allerdings nicht mehr so locker über die Lippen, seitdem wir mit Millionen von Muslimen in Europa Tür an Tür leben, die sich auch auf ihre „heilige Schrift" beziehen und radikale Flügel Handlungen daraus ableiten, die uns irritieren und zunehmend ängstigen. Sie argumentieren: Eine „heilige" Schrift habe göttliche Eigenschaften, folglich müsse man dieses

---

110 Thorsten Dietz in einem FB-Disput zu seinem Buch „Weiterglauben".

heilige Buch dem Zugriff der Literaturwissenschaft entziehen. Was heilig ist, dürfe nicht profan geprüft und bewertet oder gar kritisiert werden. Weil diese heilige Schrift als fehlerloses, irrtumsloses und von Allah inspiriertes Wort aufgefasst wird, bedürfe sie keiner wissenschaftlichen Analyse. Diese heilige Schrift sei wörtlich zu nehmen, ungeachtet des kulturellen Settings damals und heute und ungeachtet der literarischen Gattung. Diese Auffassung wurde nie im Stahlbad der Aufklärung hinterfragt oder gar kritisiert.

Auf der Grundlage eines solchen Schriftverständnisses, das es ja auch in christlichen Ausprägungen gibt, wurde aus „heiligen Schriften" die Motivation für die Verfolgung und Vernichtung Ungläubiger abgeleitet. Die Gewaltandrohung gegen Ungläubige ist durch Jesus in der Bergpredigt mit dem „Ich aber sage euch: Segnet, die euch fluchen, tut wohl denen, die euch hassen!" ein für alle Mal abgelöst worden. Die Lösung der Gewaltfrage in heiligen Schriften heißt Jesus. Der Er-löser! Eine Verfolgung und Vernichtung von Ungläubigen kann sich nie und nimmer auf Jesus Christus beziehen!

Diese oben beschriebene exklusive „Buchtreue", gepaart mit einem gewissen „Kulturpessimismus" und einer Theologieskepsis sind das Baumaterial für einen Fundamentalismus, der in einer sorgsam zu differenzierenden und immer komplizierteren Welt einfache Menschen mit radikal *einfachen* Lösungen bedient. Einfach heißt hier: Es gibt nur *ein* Fach, nur *eine* Deutung! Zweifach und mehrfach wäre schon Verrat am heiligen Medium. Die so Inspirierten sind keine Sektierer, sie stehen treu in der Mitte ihrer Glaubensgemeinschaft. Man solle einfach das wörtlich nehmen, was da steht! So lesen die einen ein Predigtverbot für

Frauen aus den Paulusbriefen, andere begründen mit dem Alten Testament die körperliche Züchtigung von Kindern und andere wieder generieren aus prophetischen Schriften Weltuntergangsstimmung und datieren Endzeitfahrpläne. Die Wiederkunft des Herrn stünde unmittelbar bevor. Ob Erdbebenhäufigkeit oder Zeitgeistepisoden wie die Genderideologie oder die globale Erderwärmung, alles wird zur Bemessungsgrundlage für den Weltuntergang und das Weltgericht herangezogen.

Das alles wird gern mit dem Etikett „bibeltreu" ausgezeichnet. Ein ursprünglich ganz gut gemeinter und wertschätzender Begriff, der das völlige Vertrauen in die Bibel und die Treue zur Bibel ausdrücken sollte. Das war und ist ein ernster und besorgter Versuch, sich damit von einer willkürlichen und beliebigen Schriftauslegung zu distanzieren. Weil aber dieses Verbalkonstrukt „bibeltreu" nie verbindlich definiert wurde, kann sich jedes noch so fragwürdige Schriftverständnis mit dem unbestimmten Label „bibeltreu" dekorieren. Wer diesen personalen Beziehungsbegriff zur Definition eines exklusiven Schriftverständnisses verwendet, der muss gleich klarstellen, was er nicht mit Bibeltreue meint. Sonst verkommt ein einst ernst gefüllter Begriff zu einer ideologischen Worthülse mit beachtlichem Spaltpotenzial.

Fazit meiner Bibel-Biografie

Früher bin ich vorn mitmarschiert, wenn es die Sache Gottes zu bekennen galt, bei der Avantgarde, der Vorhut – nie bei der

Nachhut: demonstrativ, plakativ, alarmiert, empört. Allzeit bereit. Wo kommen wir denn hin, wenn wir nicht hinkommen? Heute fällt mein Bekenntnis weniger vollmundig aus. Ich weiß, dass Gott mich liebt und dass er mich als sein Kind betrachtet. Ich werde für Zeit und Ewigkeit bei ihm geborgen sein. Mit dieser Gewissheit wache ich jeden Morgen auf und in diesem Bewusstsein schlafe ich abends ein. Und wenn diese Gewissheit wankt, dann ist mein Tröster zur Stelle, der Heilige Geist, der Dritte im Bund der Trinität. Ich bekenne mit Hiob: „Ich weiß, dass mein Erlöser lebt!" Mehr weiß ich nicht. Das ist mein Credo geworden, mein Glaubensbekenntnis der Kompaktklasse. Wenn Händels Messias aufgeführt wird, fiebere ich immer dieser Passage entgegen.

Ich versuche die Bibel so zu verstehen, wie sie sich selbst verstanden wissen will, ohne ihr meine Hermeneutik oder mein Vorverständnis überzustülpen. Ansonsten stehe ich selbst in der Gefahr, etwas in die Bibel hineinzulesen, was da gar nicht steht. So kann ich nur um Weisheit und Unterscheidungsvermögen bitten, dass der Heilige Geist mich zur Wahrheit leitet.

Die Bibel kann trotz aller Angriffe und Fehldeutungen nicht ihrer Wirkung beraubt werden. Wer sich betend und fragend, aber durchaus auch zweifelnd und kritisch unterscheidend diesem „Wort" in Demut nähert, der wird beschenkt. Wer sich in aufgeklärter Hybris darüberstellt, wird vielleicht im Ausverkauf landen und am Ende vor dem leeren Regal seines eigenen „Stückwerks" stehen. Im kindlichen Vertrauen auf die Wirksamkeit des Wortes ein Leben lang lernen, unterscheiden, verstehen, revidieren, korrigieren und neu befestigen, das soll mein Weg mit der Bibel sein.

6. Konsequenzen

Von der ängstlichen Engführung zur Freiheit von Forschung und Lehre

In meinem weiterführenden Theologiestudium in den USA hatte einer meiner Professoren mir aufgetragen, mich mit Jürgen Moltmann zu beschäftigen. Mein theologisches Denken war bis dahin in einer kulturpessimistischen und wissenschaftsskeptischen Zerfallstheorie gefangen, die nicht mehr von der Hoffnung des „Dein Reich komme" bestimmt war, sondern vom drohenden Gericht, von der Macht Satans und vom Weltuntergang. Ich war an der Apokalyptik orientiert, dem Ende des Vergänglichen, nicht an der Eschatologie, der Hoffnung auf das Zukünftige. Moltmanns „Theologie der Hoffnung" hat mich aus meiner Endzeitbesorgnis katapultiert und mir weite Horizonte eröffnet. Ich konnte auf einmal wieder glauben, dass die Gemeinde Jesu vielleicht ihre beste Zeit noch vor sich hat. Wohlwissend, dass ein großer Teil der verfolgten Gemeinde weltweit sehnsüchtig „Komm, Herr Jesus" ruft. Seitdem bin ich besonders wachsam, wenn exklusive Endzeitlehren „ganz klare" Prophetien zu Israel und eschatologische Fahrpläne unter der Hand auf Tonträgern und einschlägigen Gazetten kolportiert werden und unter dem exklusiven Label „bibeltreu" einen schmerzlichen Prozess fortlaufender Separation vorantreiben. Eine fatale Entwicklung: Manche meiner Freunde aus einer exklusiven und separatistischen Prägung verfügen über eine bewundernswerte Bibelkenntnis, aber sie erliegen der Versuchung, sich durch Absonderung nach innen und außen reinzuhalten. Man blendet einfach 2.000 Jahre Kirchen- und Kulturgeschichte aus. Der Missionar und Missiologe Lesslie Newbigin hat dieses Dilemma so beschrieben:

„Die Vorstellung, man könne auf irgendeine Weise ein reines Evangelium herausdestillieren, unverfälscht durch irgendwelche kulturellen Zutaten, ist eine Illusion. Sie ist geradezu ein Verrat am Evangelium, denn das Evangelium handelt vom fleischgewordenen Wort. Wo immer das Evangelium in Worte gefasst wird, steht es unter dem Einfluss der Kultur, zu der diese Worte gehören. Und jede Lebensweise, die die Wahrheit des Evangeliums ausdrücken will, ist eine kulturell bestimmte Lebensweise. Ein kulturfreies Evangelium wird es niemals geben. Und doch stellt das Evangelium, selbst ganz und gar in kulturell geprägten Formen ausgedrückt, alle Kulturen in Frage, einschließlich derjenigen, in der es sich zum ersten Mal darstellte." Lesslie Newbigin (1909–1998)

Und Jürgen Moltmann definiert den Auftrag so:
„Darum greift christliche Verkündigung auch heute kritisch befreiend in die reale, politische Welt ein und darf nicht zur Privatsache verkommen. Die christliche Kirche ist das Ferment der Befreiung des Menschen von den Grenzen und Zwängen der „bürgerlichen Religion" der modernen Welt. (…) Aus der traditionellen Lehre der Rettung der Seele in einen jenseitigen Himmel erwächst die Lehre von der Himmel und Erde erneuernden Zukunft des

Reiches Gottes! Die Jenseitshoffnung muss um die Hoffnung auf Verwandlung und Erneuerung der Erde ergänzt werden! (…) Unser Verständnis von Evangelisation und Seelsorge entwickelt sich weiter. Unser Auftrag erschöpft sich nicht in der Förderung individueller Frömmigkeit, dass Menschen für sich Freiheit finden. Durch Christus befreite Menschen werden Verantwortung für die Befreiung und Erneuerung der Gesellschaft und der Schöpfung übernehmen (…) Unser geistlicher Dienst folgt der theologischen Aufgabe, dass er weder im diesseitigen Fortschrittsglauben auf- noch in apokalyptischer Angst vor der Zukunft untergeht. Wer den auferstandenen Christus proklamiert, wird die Freiheit des Menschen nicht behindern, sondern begründen, bewahren und verteidigen."[111]

Wenn das Schriftverständnis nicht mehr von Angst dominiert wird

Das war der Anfang einer zunächst gefühlten, dann aber doch forcierten Distanz zu all den empörten und hitzigen Bekenntniskämpfern und eifrigen Endzeitbeschwörern. Ich bin zunächst unbewusst aus der Kompanie derer ausgetreten, die sich in der Kaserne gegenseitig verletzen, um dann als amputierte Invaliden an die Front zu ziehen und beschämt feststellen, dass man sie für harmlos hält und den Krieg beendet hat. Das hatte ich nicht erwartet.

---

111 Jürgen Moltmann, Was ist heute Theologie? Herder, 1988, S. 24 ff.

Während Vertreter der so gut gemeinten, aber doch auch irgendwie angstbesetzten „Chicago Declaration" sich mit Superlativen wie „völlige Zuverlässigkeit", „absolute Irrtumslosigkeit" und „totale Fehlerlosigkeit" um die Verteidigung der Heiligen Schrift mühten, hatte die Bibel den Test der historisch-kritischen Textanalyse längst bestanden. Kein Jota ist verloren gegangen. Thorsten Dietz stellt fest:

> *Wer die Irrtumslosigkeit der Bibel in allen historischen und naturkundlichen Fragen behauptet, der stellt Christen vor eine unsägliche Alternative. Sie müssen nicht nur ihren Glauben vor den Erkenntnissen der heutigen Wissenschaft schützen, sie müssen im Grunde konsequent die Möglichkeit wissenschaftlicher Welterkenntnis grundsätzlich in Frage stellen. Sie müssen sich von den wissenschaftlichen Erkenntnissen der letzten Jahrhunderte distanzieren – oder ihren christlichen Glauben aufgeben.*[112]

Ich halte die Begriffe „Irrtumslosigkeit" und „Fehlerlosigkeit" im Zusammenhang mit Gottes Offenbarung in der Schrift für völlig unangemessen. Wer sind wir, dass wir Gott Fehlerlosigkeit attestieren? Gottes Offenbarung in der Schrift enthält keine Fehler und keine Irrtümer. Wer behauptet denn das? Die Irrtümer entstehen, wenn wir etwas in Gottes Offenbarung hineininterpretieren. Wir leisten uns Fehler und Irrtümer, wenn wir Gottes Offenbarung so lange verbiegen, bis sie unser kleinbürgerliches Weltbild scheinbar bestätigt.

Die Chicagoer Erklärung kann man auf dem Hintergrund der Spätfolgen der historisch-kritischen Methode verstehen, nämlich dass das pastorale Personal so verunsichert war, dass es oftmals

---

112 Thorsten Dietz: Weiterglauben, Brendow, Moers 2018, S. 72.

nichts mehr zu predigen hatte als nur ein bisschen Menschlichkeit. Die sogenannte „liberale" Theologie hat zweifelsohne die Glaubwürdigkeit der Bibel untergraben, aber sie hat uns auch ertüchtigt, die Bibel in intellektueller Redlichkeit zu lesen und auszulegen. Wir neigen immer noch zur ignoranten „Gott-kann-alles!-Hermeneutik". Das ist eine tiefe geistliche Wahrheit: Gott sind alle Dinge möglich. Aber im Diskurs von Bibel und außerbiblischer Wissenschaft hilft dieses Bekenntnis nicht weiter. So wird die Offenbarung Gottes geradezu banalisiert: „Gott hat einen Plan für dein Leben!" „Gott braucht keine Wissenschaft!" „Du musst nur glauben!" „Alles wird gut!"

Solche Parolen führen direkt in die Passivität einer motivationstötenden Lethargie und entmündigen uns in unserem Urteilsvermögen.

Ich will nicht billig davonkommen. Und doch reifte in mir die Überzeugung, dass Gottes Offenbarung in seinem Wort alles vernünftige und intellektuell redliche Mühen übertrifft, indem er zu uns spricht und wir mit Glauben beschenkt werden.

Die Motive des Barock-Pietismus verraten

Statt nun unser pietistisches Anliegen einer Bibelbewegung, einer missionarischen Kirche und einer erwecklichen *praxis pietatis* zu leben, haben wir uns auf eine bestimmte Evangelisationsmethode sowie auf den gesellschaftlichen Protest in Sachen Abtreibung und Homosexualität eingeschossen. Der frühe hallesche Pietismus war eine Aufbruchs- und Reformbewegung: wissenschaftlich, kulturprägend, diakonisch, weltweit missionarisch, fortschrittlich in der Pädagogik. Man wollte die Reformation Luthers vollenden. Einer der berühmtesten Vertreter des Pietismus, Philipp Jakob Spener (1635–1705), rief dazu auf, jeder Christ solle sich durch eifriges Bibellesen und gemeinsames Bibelstudium um das Wort Gottes bemühen und in einem „allgemeinen Priestertum aller Gläubigen" vorbildlich leben. So bin ich geprägt worden, darum bezeichne ich mich heute – 300 Jahre später – gern als Pietisten und als Kind der Gemeinschaftsbewegung. Das sind meine Wurzeln. Dazu stehe ich.

Dass der Pietismus und die Gemeinschaftsbewegung einen großen Teil ihrer Reformfreudigkeit und ihres erwecklichen Feuers verloren haben, könnte unter anderem seine Ursache darin haben, dass die imperialistische und auf Weltherrschaft gerichtete Politik des Deutschen Reiches von den Pietisten gebilligt wurde. *„Die Separation vom politischen System ihrer Zeit war nie dezidiert genug. Überzeugt von der Gefährlichkeit der Linken und der Liberalen sind sie im politischen Spektrum der Weimarer Zeit auf der Seite der Rechten zu finden. Durchdrungen vom Nationalismus und verletzt durch die Niederlage von 1918 gehörten sie mit wenigen Ausnahmen 1933 zu jenen, die die Machtergreifung Hitlers begrüßten."*[113]

Darum sind wir Pietisten bis heute zwar einer treuen Herzensfrömmigkeit verpflichtet, aber wir sind weithin unpolitisch geblieben und mit Ausnahme des rheinischen Pietismus immer auf der Seite der politisch Konservativen, zunächst treu zum Kaiser,

---

113 Hartmut Lehmann, „Erweckungsbewegung – Neupietismus – Gemeinschaftsbewegung", Handout zum Vortrag „Wurzeln und Werden der Gemeinschaftsbewegung", Marburg, 1988.

dann treu zum Führer, dann prinzipiell rechts[114]. In solch einem Kultursetting konnten freilich keine Gedanken zur politischen Relevanz des Evangeliums keimen. Die richtig großen Themen haben wir verpasst: die Re-Evangelisierung Europas, den christlich-muslimischen Dialog und eine biblisch begründete Friedens- und Schöpfungsethik.

Kein Grund sich zu verstecken

Die evangelikale Bewegung hat so viel kostbares Potenzial, so viel missionarische Leidenschaft, so viel neue theologische Kompetenz, so viel Kreativität und Innovation in wachsenden Gemeinden, im Bereich der Musik und Künste, dass sich zunehmend traditionelle Gemeinden auf unsere Erfahrungen einlassen. Aber die Öffentlichkeit nimmt uns als die ewigen Sakralfundamentalisten, Kulturpessimisten und Wachtposten der reinen Lehre wahr.

Der Philosoph Hans-Georg Gadamer (1900–2002), der sich ein Leben lang mit Fragen der Hermeneutik beschäftigt hat, wurde am Ende seines Lebens nach der Quintessenz seines philosophischen Wirkens gefragt. „Der andere könnte recht haben!", war seine Antwort. Der andere könnte recht haben. Diese Einsicht wirkte in mir wie ein Schlüssel, der mir neue Erkenntnisräume

---

114 Die vom Bayrischen Ministerpräsidenten Markus Söder verordnete Kreuzpflicht hat unter Evangelikalen große Freude ausgelöst. Es gibt im konservativen Katholizismus und unter den Evangelikalen keinen Sensor für die Gefahr einer zweckbestimmten Synthese von Kreuz und Krone.

öffnete. Völlig frei von Angst betrat ich diese neuen Räume; ich staunte, lernte, stöberte, suchte und wurde immer mehr fündig, und hinter allem entdeckte ich neu den Gott meiner Kindheit. Ich war beschämt und beschenkt.

Die so neu gewonnene Freiheit im Denken, dieses Wissen um Gottes souveränes Handeln hat mich zu einem Pilger gemacht, der zwar im vierfachen *sola* der Reformation theologisch verortet ist, aber sonst sein Interesse weit gespannt hat und immer Menschen sucht, die Jesus als Herrn bekennen. Mich interessiert grundsätzlich, was ich mit Respekt von anderen Glaubensprägungen lernen und wie ich mit Agnostikern und Atheisten fair argumentieren kann.

Es gilt die nüchterne Einsicht, dass die evangelikale Bewegung im Schriftverständnis theologisch plural aufgestellt ist. Wir haben uns in der Tauffrage, in der Ekklesiologie, in der Frage der Wiederverheiratung von Geschiedenen, in eschatologischen Fragen und in der Bewertung Israels auch unterschiedlich positioniert, ohne uns in der Christologie und Soteriologie voneinander zu trennen. Wer sich in der Mitte des Evangeliums einig ist, kann in nicht heilsnotwendigen Fragen differente Auslegungen des biblischen Befunds ertragen. Toleranz ist kein Schwächeanfall der Kirche Jesu Christi, sondern ein Erweis ihrer Vitalität. Ich bin so frei! Mittlerweile.

Mehr vom Zorn Gottes reden?

Neulich fragte mich ein Veranstalter, ob ich auch über die Hölle, das Gericht und den Zorn Gottes predigen würde. Bevor ich ihn beruhigen konnte, dass ich sehr zurückhaltend mit diesen Themen umgehe, gab er mir zu verstehen, dass er nicht genug davon kriegen könne.

In letzter Zeit wird der Ruf nach Höllen- und Gerichtspredigten wieder lauter: Wir sollten mehr über den richtenden, strafenden und zornigen Gott sprechen. Gott sei nicht nur lieb, Gott sei auch zornig. Geradezu reflexartig melden sich die konkordanten Advokaten des Zornes Gottes zu Wort und liefern Bibelstellen, die verhindern sollen, dass sich bloß keine „Wohlfühlgottesdienste" und kein „warmgeduschtes Wischi-Waschi-Christentum" etablieren. Fast so, als müsse die Nachfolge Jesu wehtun. Kirche als Nagelbrett zur Verhinderung von spiritueller und wonniger Seelengemütlichkeit. Dass uns bloß keiner am Zorn Gottes zweifelt. Hier ein Zitat eines der Referenten der württembergischen Christustage 2018: „Tod und Teufel, Jüngstes Gericht und Hölle haben keine Konjunktur mehr, alles kommt weichgespült daher."

Welche Gottesbilder stehen hinter diesen Forderungen? Gott als grimmiger jähzorniger alter Mann, der sich im eifernden Zorn über die Menschen hermacht, die auf Gnade und Barmherzigkeit gehofft haben? Wie soll das gehen, der Hölle mehr Konjunktur verleihen? Wir sollen denen, die jetzt schon die Hölle auf Erden erleben, mit mehr Höllenpredigten einheizen und ihnen mit dem Jüngsten Gericht drohen?

Ist jemals ein Kind unter der zornigen Strafe seines wütenden Vaters zurechtgekommen? War es nicht die Güte Gottes, die uns zur Umkehr getrieben hat? Wenn der Vater im Himmel auch so ausrastet, dann brauchen wir ihn nicht, denn das haben wir ja schon. Ich denke dabei an Menschen, die unter dem Zorn ihres Chefs leiden, Ehefrauen, die unter ihren zornigen Männern welk und bitter geworden sind, und Kinder, die den Zorn ihrer Väter fürchten. Denen sollen wir einen zornigen Gott predigen?

Gott sei auch zornig, wird mit ernster Miene reklamiert. So als hätte Gott zwei Gesichter. Wie grotesk und zynisch wirken solche Forderungen. Gott ist Liebe! Sein Zorn ist nicht das Gegenteil von Liebe, sondern Ausdruck seiner Liebe, Konsequenz seiner Sorge um seine Geschöpfe. Und diese Liebe (Agape) hat nichts mit romantischer Verzückung zu tun, sondern sie wurde im brutalen Kreuzestod Jesu teuer erkauft.

Was haben wir mit besten Absichten aus Gott gemacht? Einen zornigen alten Mann, der den Knüppel zum Gericht schnitzt?

Wir sollen uns von Gott weder ein Bild noch eine Interpretation machen, so lautet § 2 des Dekalogs aus 2. Mose 20. Der Gott Abrahams, Isaaks, Jakobs verbirgt sein Gesicht und seinen Namen. Keins der zehn Gebote wird wohl mehr verletzt als dieses. Wir machen uns unentwegt Bilder von ihm.

- Was haben wir aus Gott gemacht? Ein Poesiealbum unserer Gottesbilder.
- Einen beleidigten Despoten, der im eifernden Zorn die Ungläubigen bestraft?
- Einen milden Opa, der alles Böse unter dem Mantel seiner ewigen Liebe verschwinden lässt?
- Einen Besitzstandswahrer unseres gutbürgerlichen Lebensstils?

- Einen Sittenwächter unserer scheinheiligen Moralvorstellungen?
- Einen Schönwettergarant für unsere Grillfeste und Strandurlaube?
- Einen christlich-sozialen Landrat und einen linken Oppositionellen?
- Sein Name musste herhalten für Krieg und Terror,
- für die Waffenlobby und die Aufrüstung,
- für pazifistische Schwärmereien und Bio- und Öko-Ideale.
- Wir haben Gottes Wort geprüft und seiner Offenbarung völlige Irrtumslosigkeit attestiert, als hätte er das nötig.
- Wir haben Gott zu einem Handwerker gemacht, der mit Erde hantiert und ansonsten von Astrophysik und Humangenetik keine Ahnung hat.
- Wir haben Gott für unseren kleinbürgerlichen Lebensstil vereinnahmt und ihn zu einem alten Mann gemacht, der im Gestern stecken geblieben ist und den Anschluss an die Moderne verpasst hat.
- Wir haben Gott in unsere Verlautbarungen gesperrt und in seinem Namen Menschen in die Enge getrieben, sie ihrer Freiheit beraubt.
- Wir haben bei unseren hochkalorischen Frauen-Verwöhn-Büfetts und den zünftigen Männerstammtischen Gott betenderweise zum „Gast" degradiert, der gefälligst das segnen soll, was wir uns selbst bescheret haben.
- Wir haben Gott zur Ikone unserer langweiligen Gottesdienste gemacht.
- In seinem Namen haben wir Predigten gehalten, die im privaten Seelenheil stecken geblieben sind.

- Wir haben Gott zum Guru gemacht, der in allen Religionen zu finden sei, aber nichts zu melden habe.
- Was haben wir mit Gott gemacht?

Einen, der zu uns passt, der unsere enge Weltsicht bestätigt. Es muss für manche ein unerträglicher Gedanke sein, dass Gott nur ein Wesen hat, nämlich Liebe. Seine Gerichte werden endlich Gerechtigkeit aufrichten. Die hier Ungerechtigkeit erleiden mussten, werden gerecht beurteilt.

Diesen Tag sehne ich herbei. Da werden die zornigen alten Männer, die Vertreter eines grimmigen Gottes, von seiner Liebe überwältigt werden.

Wer das Wesen Gottes in Wort und Schrift beschreiben möchte, der hat nur diese verlässliche Quelle: „Wer mich sieht, der sieht den Vater." Das sagt Jesus und damit ist alles gesagt (Joh. 12,45).

Der Islam fordert uns heraus

Der Islam fordert uns heraus, unsere theologischen Überzeugungen hinterfragen zu lassen. Aber wir sind nicht vorbereitet.

Gott öffnet uns eine Tür nach der anderen. Nie waren die Chancen der Evangelisation größer als heute, aber wir hauen die Türen wieder zu, verkanten uns im Rahmen sperriger Ignoranz, verklemmen uns im Scharnier zur Welt, stolpern über Schwellen, die gar nicht mehr da sind, und verlegen „schließlich" die Schlüssel zu den Herzen der Menschen.

Wir leben seit 50 Jahren mit einer wachsenden muslimischen Community aus Gastarbeitern und Flüchtlingen respektvoll-gleichgültig und freundlich zusammen. Muslime genießen Religions- und Meinungsfreiheit und können sich in unserer westlichen Demokratie und christlich geprägten Kultur sicher fühlen. Trotzdem muss der Islam sein Verhältnis zum Umgang mit „Ungläubigen" klären und der Koran muss sich der historischen-kritischen Literaturforschung stellen. Ohne eine theologische Reform des Korans, einer deutlichen Absage an fundamentalistische Ideen einer Scharia-Theokratie in Europa, wird es keinen Frieden geben. Die Korantreuen fürchten diese Begegnung mit der modernen Welt, sie werden nicht zulassen, dass ihre heilige Schrift durch die Mühle der historischen Textkritik geht.

Wir sind ja auch nicht gerade zuvorkommend mit Vertretern anderer theologischer Richtungen umgegangen. Wer seine Informationen immer aus seinem eigenen Gesinnungsmilieu bezieht, findet auf der Empore der Empörten immer Gründe, andere zu diffamieren, bevor man sich informiert und ein eigenes Urteil gebildet hat.

So lange liberale Muslime sich konstruktiv an den Runden Tischen der Religionen für Integration und Verständigung mühen, aber gleichzeitig um ihr Leben bangen müssen, weil sie sich von Ehrenmorden und von jeder Art von Gewalt distanzieren, so lange ist der Islam nicht gesellschaftsrelevant für Europa. Das bedeutet folglich für das Christentum in Europa:

So lange der ökumenische Dialog zwischen „Rom" und dem Rest der protestantischen Welt stockt, so lange Lutheraner den Pfingstlern misstrauen, andere um den Sinn und Unsinn von Kopftüchern streiten, die Evangelikalen immer noch ideale

Urgemeinde reproduzieren wollen und immer mehr völlig freie Gemeinden entstehen, die sich aus unzufriedenen Emigranten anderer Gemeindebünde rekrutieren, so lange sind wir Christen harmlos ziellos.

Auf diesem Hintergrund sind die regelmäßig aufflammenden Attacken der Medien gegen die Evangelikalen ein lächerliches Scharmützel, groteske Panikmache. Als hätten wir – anders als in den USA – politischen Einfluss. Als müsse man unsere angebliche Medienmacht fürchten. Wir Evangelikalen sind weithin mit uns selbst beschäftigt, darum gleicht die Alarmstimmung der linken Medien einer Süßstoffdemo im Bienenstock.

7. Blockaden verstehen und überwinden

„Nichts macht den Menschen so radikal blind, taub und ungehorsam, als der (vermeintlich!) sichere Besitz einer unfehlbaren Lehre." (Wilhelm Stählin)

Vom Segen der Pluralität

Pluralität ist die friedliche Koexistenz und gegenseitige Bereicherung durch diverse Meinungen, Lehren und Deutungen innerhalb eines größeren Wertesystems, die als wohltuend, sinnstiftend und Gemeinschaft fördernd wahrgenommen wird. Zum Beispiel die Artenvielfalt der Schöpfung, die verschiedenen Charaktertypen, das Mehrparteiensystem der parlamentarischen Demokratie, aber auch die Vielfalt der Frömmigkeitsprägungen innerhalb der Kirchen. Was den dreieinigen Gott ehrt[116], das Gemeinwesen bereichert und Frieden stiftet, integriert und auf die Einheit in Christus zielt[117], das ist Pluralität im besten Sinne. Darauf können wir stolz sein. Das könnte ein Markenzeichen der Evangelikalen sein.

Wenn aber Pluralität Ursache für Trennung, Spaltung und Verletzung wird, dann hat sich die Vielfalt durch Machtergreifung eines bestimmten Milieus oder einer Lehrmeinung eine Vorherrschaft erschlichen, die Vielfalt doktrinär zum Prinzip erklärt, wo jeder recht hat und es keine sich im wertschätzenden Diskurs herausgebildete Wahrheit geben darf. Das wäre ein dogmatischer Pluralismus.

Pluralität ist die objektive bzw. faktische Vielfalt in der gemeinsamen Welt oder im gemeinsamen Glauben.

Pluralismus hingegen bekennt sich zu gleicher Berechtigung des Verschiedenen in der gemeinsamen Welt. Jede einzelne Meinung verdichtet sich ideologisch zu einem exklusiven Standpunkt, dass es letztlich keine allgemein gültige Wahrheit geben kann.

Nun sind wir im Epizentrum der Fragestellung und Aufgabe dieses Buchs gelandet. Hier wanken Fundamente. Konkordanzen werden gewälzt, die Hüter der reinen Lehre beziehen ihre Wachtposten.

Gleiche Berechtigung des Verschiedenen kann doch nicht sein, oder? Hier muss das idealtypische Bonmot der Evangelikalen zitiert werden: „Wenn alles gleich gültig ist, ist alles gleichgültig!" Stimmt!

Sind 15.000 Denominationen weltweit eine Bereicherung der Kirche, ein Segen, oder sind sie ein Fluch? Ist Freiheit in Forschung und Lehre eine verfluchte Folge der Aufklärung oder ist es eine Frucht derselben?

---

115 Kol. 3,17.

116 Eph. 1,17.

Die römisch-katholische Kirche hat ein zentrales Lehramt: die Glaubenskongregation in Rom, die für 1,275 Milliarden Gläubige die Glaubens- und Sittenlehre festlegt und überwacht. Die protestantischen Kirchen haben kein weltweit zentrales Episkopat, und zwar aus guten Gründen. Das bedeutet aber dann Meinungsvielfalt in theologischen, ethischen und kirchenpolitischen Fragen.

So hat die evangelikale „Kirche des Nazareners" bereits 1908 die Ordination von Frauen zum Pastorenamt eingeführt und die Evangelisch-Lutherische Kirche von Lettland hat 2017 die Ordination von Pfarrerinnen abgeschafft, und zwar aus biblischen Gründen.

Wem diese Pluralität zu anstrengend ist, der muss sich religiös römisch verorten, denn da sagt einer, wo es langgeht. Das macht die evangelische Landschaft in der Tat ziemlich unübersichtlich.

Exkurs aus einem Aufsatz von Heinzpeter Hempelmann:

„In der protestantischen Theologie tritt an die Stelle des römisch-katholischen Lehramtes die Autorität – allein – der Heiligen Schrift. Deren Inhalt wird von der protestantischen Bibelexegese erforscht und bestimmt. Von daher kommt der wissenschaftlichen, speziell historisch-kritischen Bibelforschung im – v. a. neueren – Protestantismus eine enorme theologische, speziell ekklesiologische Bedeutung zu. Kirchenleitung geschieht evangelischerseits durch das Wort Gottes, und was dieses Wort Gottes ist, ist nur zu sagen auf der Basis einer methodisch kontrollierten, nicht spekulativen und nicht autoritativ gelenkten Auslegung der Hl. Schrift. Die Tragfähigkeit genau dieses auf wissenschaftlicher Erforschung der Bibel aufbauenden protestantischen Schriftprinzips wird man heute kritisch sehen,

- *insofern es nahezu keine Perikope der Bibel gibt, über deren Verständnis Einmütigkeit herrschen würde (Peter Stuhlmacher);*
- *es nach Ulrich Luz nicht mehr bloß eine, sondern viele Bibeln gibt und sich jede kirchliche Gruppe über ihre – jeweils sehr unterschiedlich zu lesenden – Bibeln definiert;*
- *es ein wenn auch umstrittenes Ergebnis protestantischer historisch-kritischer Erforschung des Neuen Testaments ist, dass der neutestamentliche Kanon nicht die Einheit der Kirche, sondern die Vielfalt der Konfessionen begründet (Ernst Käsemann).*
- *M. a. W.: Es ist auch und gerade mit den Mitteln wissenschaftlicher Bibelforschung nicht mehr möglich, den Inhalt der kirchengründenden Urkunde des christlichen Glaubens zu bestimmen.*[117]

Einer der einflussreichen Meinungsführer der Evangelikalen beklagte im Frühjahr 2018, die Lage der Evangelikalen sei „unübersichtlich" geworden. Unübersichtlich? Man könnte auch sagen, sie ist theologisch urteilsfähig und geistlich mündig geworden, bunter und vielfältiger. Übersichtlich, alles fein eingeteilt in liberal, links, rechts, fromm, bibeltreu, nicht bibeltreu, konservativ – das wäre langweilig.

Gott ist nicht schwarz-weiß. Seine Schöpfung ist eine atemberaubende Orgie von Gerüchen, Farben und feinsten Geschmacksnuancen.

---

117 Was heißt „christlicher Glaube"? Reflexionen über einen ebenso notwendigen wie unmöglichen Begriff, in: ThBeitr 44 (2013), 185–201.

Ist theologische Lehr- und Prägungsvielfalt eine Chance oder eine Gefahr?

Während ich diese Zeilen verfasse, polarisiert sich die evangelikale Szene immer noch im Schriftverständnis, aber im Brennpunkt der Scheidung stehen Personen, geistliche Leiter, denen wir viel verdanken, die im Segen wirken und trotzdem den Richtungsstreit der Evangelikalen in ihren Biografien austragen.

Bevor Jesus das Gleichnis vom verlorenen Schaf erzählt hat, waren es die treuesten aller Frommen, die Wortwächter und Sündenfahnder, die sich über Jesus empörten. Ihre Lebensberufung war die unermüdliche Mühe, den Tempel und alle Vorhöfe sauber zu halten. Sie lagen auf der Lauer, wenn Jesus unterwegs war. Immer auf der Suche nach schwarzen Schafen.

Die Scharfrichter der reinen Lehre suchen das schwarze Schaf und brandmarken ihm eins ins Fell, dass es sich nicht mehr unter die Menschen traut. Die Medienwelt lebt davon, dass irgendwer irgendwann sich danebenbenimmt oder sich einfach nur irrt. Schon haben ihn die empörten Leithammel und Platzhirsche am Haken. Und die etikettieren eifrig ihre Schubladen: links, rechts, bibeltreu, nicht bibeltreu, charismatisch, fundamentalistisch und liberal. Eine Neuauflage des römischen „teilen und herrschen".

Wer sich nicht mehr mit den Verlorenen beschäftigt, wer nicht mehr als „Freudenbote" (Evangelist) unterwegs ist, der checkt die Herde nach schwarzen Schafen ab.

Das energische Urteil dieser lieblosen und gnadenlosen Frömmigkeit, produziert für jeden Komplizen, den es für sich gewinnt, mindestens einen Geschädigten, der für den Rest seines Lebens gegenüber dieser Art zu glauben geradezu immunisiert ist. „Weide meine Lämmer" geht anders.

Allen Vertretern der stets empörten „Man-wird-das- doch-noch-mal- sagen-dürfen-Fraktion" sei folgende Einsicht gegönnt: Wer Schaum vorm Mund hat, sollte sich rasieren, statt öffentlich Stellung zu beziehen, sei es mündlich oder schriftlich und gar auf Facebook. Wo Empörung die Triebkraft ist, da ist meist jede Menge scheinheiliges Gehabe im Gepäck.

Vermeidbare Blockaden: Kreationismus versus Evolutionstheorie

Wenn sich die zwei notorischen Streithähne endlich vertragen könnten!

„Die Evolutionstheorie ist Kokolores!", sagt mein alter Freund Gottlieb immer. Und dann wird er meistens so richtig böse. Seine Vorfahren seien keine Affen gewesen, und wie blöd müsse man sein, an den Urknall zu glauben. Dann bloß nicht darauf reagieren, vorsichtig das Thema wechseln. Er hat ohnehin zu hohen Blutdruck. Wenn er dann noch nachschiebt, er würde die jungen Leute ermutigen, sich gegen die Bio- und Religionslehrer zum biblischen Schöpfungsbericht zu bekennen, dann tut er mir so leid, dass ich ihn gleich in den Arm nehmen könnte. Obwohl ich gar kein Vertreter der Evolutionstheorie bin und ich mich gern zum Schöpfer bekenne, sorgt dieses Thema immer für Zunder.

Irgendwann habe ich ihm diesen Artikel verfasst und geschickt: „Gott sprach, und es wurde! Gott scheidet, trennt, provoziert im Frühstadium des Universums eine Krise, um das Licht von der

Finsternis und das Feste vom Flüssigen zu trennen. Die biblische Schöpfungserzählung „erzählt" die Urgeschichte des Menschen und seines Lebensraumes. Genesis 1 und 2 sind Glanzstücke alttestamentlicher Erzählkunst. Gott schreibt nicht, er argumentiert und beweist nicht. Er spricht schöpferisch und es geschieht. Kann man das Geheimnis poetischer zum Ausdruck bringen? Damit schickt er alle wissenschaftlichen Erklärungsversuche der Entstehung des Lebens dahin, wo sie zu Recht hingehören: in ihre Labore und Fakultäten, in ihre Raumschiffe und U-Boote, in die Teilchenbeschleuniger und Planetarien. Gott begabt Menschen zum Erforschen des Unerforschlichen.

Dieses Forschen verdient unseren Respekt und muss nicht reflexartig religiös begutachtet werden. Dank der „Frechheit" der Aufklärung ist die Zeit längst vorbei, als Forschung und Lehre römisch-katholischer Kontrolle unterlagen.

Und das Volk Gottes hat diese Erzählung in der Epoche der nicht sicher zu datierenden Urgeschichte (Gen. 1–11) und in der Epoche der Erzväter und des Exodus in großer Zuverlässigkeit mündlich weitergegeben, bis die Verschriftlichung begann. Wer waren die Hörer und Leser? Nomaden im Zweistromland, also im heutigen Irak, Hirten und Viehzüchter. Die Route wurde vom Wasser- und Futtervorkommen navigiert. Sie waren vertraut mit dem Wetter, der Astronomie, der Vegetation und der Tierhaltung, zudem hatten sie hoch entwickelte mathematische Kenntnisse. Und das alles in der soziologischen Struktur einer Sippe. Diesen Menschen, nicht den Menschen des 21. Jahrhunderts, erzählt Gott seine Schöpfungsidee. Er hätte ihnen auch ein hoch kompliziertes humangenetisches, astrophysisches, biochemisches Protokoll über Entwicklungsprozesse in Millionen von

Jahren liefern können. Hat er aber nicht. Er erzählt die unfassbare Geschichte seiner Kreation in einem katechetischen Genre, in einer Textgattung auf dem (gehobenen) Niveau des Kindergottesdienstes, der Königsklasse der biblischen Unterweisung. Eine Erzählung! Wenn die Kinder es verstehen, dann verstehen es auch die Erwachsenen. Und was er erzählt, ist von unfassbarer Tiefe und Weite, dass die Bibelwissenschaft wohl nie fertig wird, all diese Schätze zu heben und zugänglich zu machen. Das ist zeitlos hochaktuell. Ich liebe diese Geschichte. Gott offenbart seinen Kindern die Schöpfung des Universums. Warum sollte ich daran zweifeln?

Mein Kollege Sam Shearn hat hinzugefügt: „Wenn man bedenkt, dass für die umliegenden Kulturen die Finsternis und das Wasser als ungeheures Chaos und Bedrohung gesehen wurden, dann ist die Nachricht, dass Gott sie begrenzt, um Leben zu ermöglichen, wunderbar. Wenn man vor Mond und Sonne Angst hatte oder sie gar anbetete als Götter, dann ist die Botschaft, dass der wahre Gott sie nur aufgehängt hat als Lichter, eine Erleichterung. Wenn es in den alten Schöpfungsmythen darum ging, dass die Götter aus schlechter Laune Menschen geschaffen haben, oder aus Faulheit, damit sie für die Götter arbeiten und ihnen zu essen geben: Dann ist die Aussage der Ebenbildlichkeit, das Mitregieren mit Gott, und das Bereiten eines vollen Gartens für die Menschen ein Zeugnis dafür, dass der Gott Israels ganz anders ist, ganz für die Menschen. Eine Sternstunde der Religionsgeschichte."

Der Text erzählt, wie der Schöpfer eine Figur aus Lehm oder Ton modelliert, ihr seinen Atem einhaucht und ihn in einen wunderschönen Garten setzt. Wir sind alle Erdwesen, aus Erde gemacht. Auch wir bestehen materiell betrachtet aus Atomen.

„Aus Erde bist du gemacht und zu Erde sollst du wieder werden." Die Organisation von Atomen zu einem lebendigen Organismus nennt man übrigens „Evolution". Und weil wir glauben, dass eine geistige Macht, Gott selbst diesen Prozess gelenkt hat, nennen wir das „Schöpfung".

Dann konstatiert der Schöpfergott, dass adam (Mensch!) eine ischah (Männin) braucht, weil er alleine nicht klarkommt. So lässt er Adam einschlafen, narkotisiert ihn gewissermaßen, denn er will ihm ja nicht wehtun. Und dann nimmt er aus dem Prototyp Adam ein Stück aus dem Brustkorb, eine Rippe, und formt so lange, bis daraus eine wunderschöne Männin geworden ist, eine Frau. Adam hat ihr den Namen „Eva" gegeben, die „Lebendige". Diese Figur war so schön anzusehen, dass Adam Lust bekam, sie zu „erkennen", also mit ihr Sex zu haben. Und bald wurden sie eine Familie. Übrigens hat Schöpfergott die Entnahmestelle für das Projekt ischah in Adams Brustkorb wieder sorgfältig mit Lehm zugeschmiert. Erdiger geht es nicht.

Das ist ideal kindgemäß erzählt. Im Genre einer Katechese, einer Unterweisung der Kinder. So ist Gott. Er offenbart sich in seiner Schöpfung und ist und bleibt damit völlig unabhängig von naturwissenschaftlichen Theorien. Die nämlich kommen und gehen, forschen und finden, vermuten und irren. Gottes Wort aber bleibt: absolut vertrauenswürdig, zeitlos, kindgemäß und doch hoch anspruchsvoll!

Wer aber ist bloß auf die abwegige Idee gekommen, diese Erzählung als Gegenentwurf zu einer naturwissenschaftlichen Welterklärung wie z. B. zur Evolutionstheorie zu verstehen?

Gott begabt und befähigt Menschen, wie z. B. Albert Einstein, Charles Darwin, Stephen Hawkins und den Astrophysiker Harald

Lesch, der heute das Universum TV-gerecht erklärt. Die Naturwissenschaften haben naturwissenschaftliche (vorläufige) Erklärungen abzugeben, keine (ewigen) religiösen. Ein Astrophysiker soll nicht das Buch Genesis und die Schöpfungserzählung auslegen, sondern den Ursprung des Lebens und des Lebensraums erforschen. Die Evolutionstheorie ist eine Theorie zum gegenwärtigen Forschungsstand des Ursprungs des Lebens. Viele Menschen „glauben" an diese Theorie, weil sie meinen, es sei ein vernünftiger Gegenentwurf zum vermeintlichen „Märchenbuch" Bibel. Sie nähern sich als vermeintliche Agnostiker dem Geheimnis der Schöpfung auf religiöse Weise: Sie glauben auch!

Mein Vorschlag zur Befriedung eines überflüssigen Streits:

1. Wir lernen und verstehen literarische Gattungen zu unterscheiden. Wer das versteht, wird nie wieder über die Evolutionstheorie streiten.

2. Wir achten und schätzen die moderne Forschung, die nicht fromm argumentieren soll, sondern wissenschaftlich redlich und dabei demütig antreten, um die Entstehung des Universums zu erklären. Seriöse Wissenschaft bedient keine religiösen Gefühle, aber sie weiß auch, dass ihr Wissen Stückwerk ist, vorläufig und bruchstückhaft.

3. Vielleicht lächeln wir in 50 Jahren über den heutigen Stand der Evolutionstheorie, weil es bis dahin ganz andere Forschungsmethoden und Erkenntnisse gibt, die derzeitige Deutungsmuster möglicherweise ablösen oder weiterentwickeln könnten. Schon allein darum sollten Christen Evolutionsbiologen nicht diffamieren. Die meisten empörten Gegner der Evolutionstheorie haben die komplizierte Materie kaum

erfasst, aber sie sind erst einmal dagegen. Ich kann diese Theorie nicht bewerten, weil ich davon zu wenig verstehe. Und darum begegne ich den Vertretern dieser Idee mit kritischem Respekt. Aber die Theorie ist niemals Gegenstand meines Glaubens.

So weit mein Werben um meinen Freund Gottlieb. Mein Geschreib hat ihn natürlich nicht überzeugt. Er hat es nach der ersten Seite weggelegt. Am Ende stand ein fast bockiges „Ich glaube an die Schöpfung, wie sie Mose aufgeschrieben hat".

Es war immerhin einen Versuch wert. Das Thema wird uns erhalten bleiben. Es wird Zeit fressen, Emotionen schüren, Feindschaften wecken – alles nur, weil man den gattungsgeschichtlichen Unterschied von einer zeitlosen biblischen Geschichte und einer temporären wissenschaftlichen Theorie nicht denken kann oder nicht denken darf oder nicht denken will.

8. Interviews mit Weggefährten und Gastkommentare

Ich habe zwölf hoch geschätzte Kollegen querbeet von der evangelikalen Streuobstwiese eingeladen, sich mit ihrer kritischen Kompetenz in dieses Projekt einzubringen. Und hier sind die acht, die sofort und gern zugesagt haben[119]. Ein landeskirchlicher, ein pietistischer Vertreter, einer aus der russlanddeutschen Szene und einer mit brüdergemeindlichem Hintergrund. Dazu vier wissenschaftliche Experten.

Warum wir trotz theologischer Differenzen zusammenhalten

Ein Gespräch mit dem Verleger Wolfgang Bühne
JM::
   Wir kennen uns bereits seit 30 Jahren, obwohl wir theologisch eigentlich gar nicht zusammenpassen. Du bist einer meiner größten Kritiker, aber das hat uns zusammengebracht und inzwischen zu Freunden gemacht. Du bist ein erfolgreicher Verleger, ein weltweit reisender Evangelist und Bibellehrer, nicht besonders

charmant, aber ehrlich und stets dem Klartext verpflichtet. Vielen Dank für deine Mitarbeit an diesem Projekt.

Ich sehe meine Aufgabe im Brückenbauen zwischen den Lagern der Jesus-Leute. Von dir habe ich manchmal den Eindruck, dass du die Fronten geradezu liebst und auf dem Trennenden beharrst.

WB::

Abgesehen davon, dass du mit meiner Charakterisierung maßlos übertrieben hast, gebe ich dir in diesem Punkt recht: Ich liebe Fronten und klare Kante in unserer weichgespülten, konturenlosen evangelikalen Szene. Und manchmal reizt es mich tatsächlich dort zu kämpfen, „wo es wehtut". Das ist sicher nicht immer geistlich, sondern oft von meiner Neigung zur Provokation motiviert. Aber nur so können wir entweder selbst verändert werden, oder unsere „Gegner" gewinnen, wenn wir die Konfrontation nicht scheuen. Als „Vergnügen" würde ich das nicht bezeichnen. Aber man lernt auf diese Weise eine Menge. Zum Beispiel als Verlierer dem Gewinner mit aufrichtiger Wertschätzung zu gratulieren.

JM::

Genau das ist es, was ich an dir schätze. Ich bewundere deine Verantwortung für die geistliche Navigation junger Menschen, die du prägst und begleitest. Was ist bei allen theologischen Differenzen für dich unaufgebbar?

WB::

Unaufgebbar ist für mich die absolute Autorität der Heiligen Schrift als Maßstab für Denken, Glauben und Leben.

---

118 Die vier Absagen waren freundlich und wertschätzend im Ton. Während einer sich grundsätzlich nicht am innerevangelikalen Diskurs beteiligt (wie glücklich muss der denn sein?), haben die anderen drei aus eindeutig lagerpolitischen Gründen abgesagt.

JM::

Dazu bekenne ich mich unisono mit dir. Was mich irritiert, sind die superlativen Prädikate, die dem Begriff Autorität vorangestellt werden, z. B. „absolut" oder „völlig". Das Prädikat „unfehlbar" ist eine aus der Angst geborene Formel von verzagten Skeptikern, die Gott attestieren wollen, dass ihm bei seiner Offenbarung in Wort und Schrift keine Fehler unterlaufen sind. Gott ist Gott. Wer sind wir denn, dass wir seine Offenbarung im Fleisch und im Wort prüfen und für gut befinden? Gott ist heilig und vollkommen. Sonst nichts. Der Papst ist fehlbar, wir irren uns, ich mache Fehler. Die Elberfelder Bibel – mit der ich übrigens gern arbeite – übersetzt nicht nur, sondern interpretiert bereits. Weil sie von Menschen mit theologischen Vorverständnissen bearbeitet wurde.

WB::

Ich würde den Spieß umdrehen und dich zitieren: „Wer sind wir denn, dass wir Gottes Offenbarung im Fleisch und im Wort prüfen und für gut befinden? Gott ist heilig und vollkommen." Woher weißt du, dass Gott „heilig und vollkommen" ist? Natürlich aus der Bibel. Den oft zitierten Spruch: „Ich glaube nicht an die Bibel, sondern ich glaube an Jesus" halte ich für unsinnig. Wenn ich sagen würde: „Ich glaube meiner Frau, aber nicht ihren Worten", würdest du mir einen Vogel zeigen.

JM::

Bravo. Den Vogel zeige ich dir gern. Eine Taube. Richtig, unser Wissen über Gott kennen wir aus der „Schrift". Woher wussten aber die ersten Christen zwischen 30 und 70 n. Chr. von Jesus? Durch Erzählung der Augenzeugen, durch mündliche Überlieferung. Zuerst Erzählung, dann Verschriftlichung, dann

Kanonisierung, dann lange Schreibprozesse und Übersetzungen, bis schließlich Luther aus der lateinischen Vulgata eine deutsche Volksbibel geschaffen hat. Die Bibel ist geworden, nicht geschaffen. Allein das NT speist sich aus 5.000 handschriftlichen griechischen Fragmenten. Wenn du an ein Buch glaubst, musst du klären, an welche Ausgabe und an welche Übersetzung. Das griechische Neue Testament von Nestle-Aland bildet weltweit die Grundlage für das wissenschaftliche Studium und die Auslegung des griechischen Neuen Testaments. Das Novum Testamentum Graece erschien erstmals 1898 bei der Württembergischen Bibelanstalt (WBA). Nestle verglich die drei wichtigsten Ausgaben des griechischen Neuen Testaments aus dem 19. Jahrhundert, nämlich die Ausgaben von Tischendorff, Westcott/Hort und Weymouth. Bei Unstimmigkeiten übernahm er die von zwei Ausgaben gebotene Lesart und verwies die abweichende Lesart in die Fußnote (textkritischer Apparat).

Übrigens, dass Christen nicht an ein Buch glauben, sondern durch das Buch zum Glauben finden, ist im Dialog mit dem Islam von beachtlicher Relevanz. Muslime glauben an den Koran.

WB::

Gott hat es gefallen, sich in seinem Wort und in dem Herrn Jesus zu offenbaren. Daher sind wir auf Offenbarung angewiesen. Unsere verdorbene Vernunft, Intuition, Philosophie usw. zeigen uns nicht, wer Gott ist. Daher kann man den Glauben an Gott nicht von dem Glauben an die Bibel trennen.

JM:

Richtig. Gott und seine Offenbarung sind eins, untrennbar. Wir wissen alles über Gott aus der Bibel und aus dem fleischgewordenen Wort, Jesus Christus. Aber vor der Kanonisierung der Schriften zu einem Buch offenbarte sich Gott „unschriftlich", nämlich mündlich.

WB::

Daher bin ich auf gute Bibelübersetzungen angewiesen, weil ich die biblischen Sprachen nicht beherrsche und daher den sorgfältig überlieferten und von Gott bewahrten Grundtext nicht lesen kann. Ich stimme zu, dass jede Übersetzung schon ein Stück Interpretation ist – von Übertragungen ganz abzusehen, die ich äußerst bedaure. Umso wichtiger, dass der Grundtext von gottesfürchtigen, demütigen und begabten Linguisten mit „Furcht und Zittern" übersetzt wird.

Wenn ich mich auf Gottes Verheißungen in seinem Wort nicht zu 100 Prozent verlassen könnte, dann hätte mein Glaube kein tragfähiges Fundament. Dann könnte ich meine Sachen packen und die Nihilisten um Aufnahme bitten.

JM::

Völlig einig mit dir. Gibt es in unserem langjährigen Disput substanzielle Fortschritte, Standpunkte, die du revidieren musstest?

WB::

Dieser Disput lehrt mich Geduld, zumindest auch Verständnis für die Denkvoraussetzungen anderer. Man erkennt, wie schwach und widersprüchlich oft die eigenen Argumente sind, man wird bescheidener in der Selbsteinschätzung und lernt Demut. Das sind unbedingt „substanzielle Fortschritte", für die ich auch dir dankbar bin. Ja, ich habe einige theologische Überzeugungen revidieren müssen. Vielleicht waren das auch nicht unbedingt Überzeugungen, sondern Meinungen aus zweiter Hand, die ich vertreten hatte. Ich habe oft ein vorschnelles, ungerechtes Urteil über Brüder (und

Schwestern! Einschub JM) bekennen müssen, die Ansichten oder Praktiken vertreten oder praktiziert haben, die ich für unbiblisch gehalten habe.

JM::

Riskantes Stichwort: biblisch/unbiblisch. Was ist denn biblisch? Bin ich unbiblisch, weil ich als reisender Evangelist einen zweiten Anzug[119] dabeihabe? Bist du biblisch, weil du auf das Essen von Schalentieren, wie Muscheln oder Hummer, verzichtest?[120] Das kommt raus, wenn man die Bibel nicht historisch differenziert liest.

WB::

Da stimme ich dir weitgehend zu. Nicht alles in der Bibel ist über oder zu uns geredet, wohl aber für uns. Daher liebe ich auch das Studium des Levitikus, weil die Gesetze für das Volk Israel laut 1. Kor 9,9-10 (auch 5. Mose 22,10) sehr praktische, typologische Lektionen sind und wichtige Prinzipien für unsere Nachfolge und unseren Gottesdienst vermitteln. Aber das wirst du als „unwissenschaftlich-pietistische Allegorie" abschmettern ...

JM::

Keinesfalls. Aber würdest du die These teilen, dass wer sich im Zentrum der Christologie einig ist, der kann an der Peripherie tolerant sein? Unterschiedliche Standpunkte in der Frage der Eschatologie zum Beispiel haben dann keine trennende Kraft mehr.

WB::

Grundsätzlich teile ich diese These. Wer glaubt und bekennt, dass das die absolute Wahrheit ist, was die Bibel über Jesus Christus

---

119 Mt. 10,14.

120 3. Mose 11,10.

lehrt, dem kann ich in zweitrangigen, nicht heilsentscheidenden Fragen gegenüber eine biblische Toleranz („Duldsamkeit") zeigen. Für mich gehört aber auch zur Christologie, dass Jesus, wie Lukas und Paulus bezeugen, ein Nachkomme des ersten historischen Menschen Adam ist. Darüber werden wir uns wohl weiter in die Haare kriegen …

JM::

In die Haare kriege ich mich nur mit meinem Friseur. Der historische Adam? Mag sein, dass diese Frage erst im himmlischen Jenseits offenbar wird.

Wenn wir beiden dann einst im kurzen Hemd vor unserem Schöpfer stehen, zählt einzig und allein: „Christi Blut und Gerechtigkeit, das ist mein Schmuck und Ehrenkleid, damit kann ich vor Gott bestehn, wenn ich zum Himmel werd eingehn." Dann zählt allein die Treue Gottes und das Erbarmen unseres Herrn Jesus und der Beistand des Heiligen Geistes, nicht meine Bibeltreue und schon gar nicht mein wasserdichtes Schriftverständnis. Was hindert uns daran, diese Überzeugung heute schon zu leben?

WB::

Dazu sage ich „Ja" und „Amen"! Wer das wirklich mit Verstand und von Herzen glaubt und darauf vertraut, ist mein Bruder und meine Schwester, auch wenn er die zehn Zehen im geträumten Standbild Nebukadnezars anders deutet als ich.

JM::

Ich liebe deinen dezent bissigen Humor. Ja, darin sind wir uns einig. Dieser Bonus reicht für den Rest unserer Lebenszeit.

WB::

Allerdings kann ich deine „Bruderschaft" mit Theologen und anderen Leuten, welche die Jungfrauengeburt, das Sühneopfer

Jesu und seine leibliche Auferstehung offen leugnen oder umbiegen, nicht teilen.

JM::

Männer und Frauen, die Jesus als HERRN bekennen, sind meine Brüder und Schwestern. Damit mache ich mich nicht eins mit ihren theologischen Extravaganzen. Aber wir streiten darüber in friedlicher Absicht. Wer mich öffentlich als „nicht mehr bibeltreu" bezeichnet, ohne mit mir das persönliche Gespräch gesucht zu haben, ist nicht mein Bruder/Schwester.

WB::

Hoppla! Da bist du ja in der Auswahl deiner Brüder und Schwestern noch eine Portion enger und exklusiver wie ich!

JM::

Wer 30 Jahre mit dir im kritischen Dialog war, der neigt irgendwann zu einer gewissen Engführung. Aber das lasse ich mir gern von dir sagen. Ich denke, ich sollte auch diese Geschwister lieben.

WB::

Mein Mitleiden an den Fehlentwicklungen der Christenheit geht sicher nicht tief genug. Diese Ermahnung akzeptiere ich. Bitte bedenke aber, dass ich meine apologetischen Bücher zwar mit der „linken" Hand, aber nicht aus Langeweile oder Streitlust geschrieben habe. Blumentöpfe kann man damit nicht gewinnen, die werden einem nachgeworfen ...

JM::

Das verstehe ich gut. Für dieses Buch werden einige mir Blumen zuwerfen, an denen die Töpfe noch dranhängen. Hinter deiner oft ruppigen Fassade steckt ein herzensguter und liebevoller Bruder. Ist das der Kitt, der uns bei allem theologischen Fremdeln doch zusammenhält?

WB::

Uns verbindet die Liebe zu unserem Herrn und Heiland, den wir trotz aller Macken, Marotten und Überzeugungsunterschiede von Herzen lieben und dessen „Blut und Gerechtigkeit" der wärmende Mantel ist, dem wir beide unsere Rettung verdanken und den wir lieben, loben und ehren wollen.

JM::

Warum herrscht in Gemeinden deiner Prägung so viel Ablehnung der Wissenschaften, die zum „rechten" Bibelverständnis helfen könnten? Muss ich alle Erkenntnisse der Astrophysik und der Kosmologie, der Geologie und Paläontologie, der Humangenetik und der Bio-Medizin in die Tonne klopfen, um ein bibeltreuer Christ zu sein?

WB::

Zum „rechten" Bibelverständnis benötigen wir keine Wissenschaft, sondern den Heiligen Geist, einen normalen Verstand und ein gehorsames Herz. Keiner der Jünger Jesus war ein wissenschaftlich gebildeter Mann, sondern sie wurden als „ungelehrte" Männer erkannt und bezeichnet. „Gott ist der Gott Abrahams, Isaaks und Jakobs und nicht der Philosophen Gott", so hat sich bekanntlich Blaise Pascal als Mathematiker und Physiker geäußert. Geistliche Erkenntnis bekommen wir nur dadurch, dass Gott sich uns in seinem Wort offenbart.

Damit lehnen wir keine empirischen Wissenschaften ab, das wäre tatsächlich hemdsärmelig und dumm. Doch je mehr Wissenschaftler fleißig und aufrichtig gearbeitet haben, umso bescheidener und demütiger erkannten sie, dass ihre Entdeckungen nur vorläufig sind und mehr Fragen als Antworten ans Licht gebracht haben.

JM::

Vielen Dank für das Gespräch. Ich freue mich auf die Fortsetzung unser beider Lernschule. Vielleicht ist dieser Disput ein multiplizierbares Modell für Kommunikation bei maximaler theologischer Differenz und brüderlicher Zuneigung. So kann „evangelikal" funktionieren.

Der Streit um die Bibel

Ein Gastkommentar von Dr. Thorsten Dietz[121], Professor für Systematische Theologie an der Evangelischen Hochschule Tabor

Nachdem Jürgen Mette das Dilemma der evangelikalen Bewegung zwischen Auftrag und Wirklichkeit dargestellt hat, möchte ich auf eine wichtige Ursache der innerevangelikalen Lähmungserscheinungen eingehen: das ungeklärte bzw. strittige Verhältnis zu den modernen Bibelwissenschaften. Im heutigen Protestantismus stehen auf der einen Seite diejenigen, die eine moderne, aufgeklärte Bibelwissenschaft für eine segensreiche Errungenschaft der Moderne halten. Auf der anderen Seite befürchten nicht wenige

---

121 Studium der Theologie, Philosophie und Germanistik in Münster, Tübingen und Marburg, 2002 zweites kirchliches Examen, 2002–2005 Pfarrer in Castrop-Rauxel, seit 2005 Dozent in Tabor. Promotion zum Dr. theol. 2008 an der Philipps-Universität Marburg. 2010 Verleihung des Martin-Luther-Preises für den akademischen Nachwuchs für die Arbeit „Der Begriff der Furcht bei Luther". 2011 Ernennung zum Professor an der Evangelischen Hochschule Tabor, 2014 Habilitation an der Philipps-Universität Marburg in Systematische Theologie und Ernennung zum Privatdozent am Fachbereich Evangelische Theologie. Thorsten Dietz ist Gast der Kammer für Theologie der EKD und Referent bei WORTHAUS.org.

engagierte Gläubige, dass gerade die moderne Bibelwissenschaft wesentlich beiträgt zum Niedergang des liberalen bzw. volkskirchlichen Christentums. Liberal ist die Volkskirche, weil sie auf ein freies, selbstbestimmtes Christentum im Einklang mit der aufgeklärten Gesellschaft setzt. Eine solche Kirche ist die Voraussetzung einer rein wissenschaftlichen Exegese ohne dogmatische Vorgaben. Aber das heißt natürlich nicht, dass sie sich für ihre Ergebnisse interessiert oder überhaupt eine intensive Beschäftigung mit der Bibel fördert. Meiner Beobachtung nach produziert die streng wissenschaftliche Exegese zunehmend Veröffentlichungen, die auch in der Volkskirche kaum rezipiert werden. Das trägt dazu bei, dass die Bibel weniger zuversichtlich in die Hand genommen wird – alles so kompliziert – und das führt dazu, dass das volkskirchliche Christentum zunehmend einen bodenlosen Eindruck macht. Denn liberal besteht heute im Alltag weniger in historisch-kritischer Frömmigkeit, sondern in überhaupt wenig bibelbezogener Frömmigkeit.

Auseinandersetzungen um „die historisch-kritische Methode" spielen vor allem in der evangelikalen Bewegung eine wichtige Rolle. Biografisch kenne ich diese Auseinandersetzungen um die Bibel aus unterschiedlichen Blickwinkeln. Als jugendlicher Atheist habe ich höchstens mal in die Bibel geschaut, um mich durch die Lektüre biblischer Gewaltaufrufe darin zu bestätigen, dass ich zum Glück nicht an einen solchen Gott glaube. Ich hatte auch kein Bedürfnis, diese Texte historisch irgendwie besser verstehen zu können. Nach meinem Abitur hatte ich eine einjährige Übergangszeit, in der ich mich von einem Atheisten erst zum Agnostiker, ja zum religiös Suchenden entwickelte, schließlich zum Christen bekehrt wurde und mich auf einmal als etwas wiederfand, was man als evangelikal

bezeichnen würde. Eine wesentliche Rolle spielte dabei – die Bibel!
Ich bin an die Bibel geraten und habe mich in ihr festgelesen. Und
dieses Mal hat mich die Bibel fasziniert, gefesselt, schließlich begeis-
tert. Durch die Bibel habe ich zu Jesus Christus, zum christlichen
Glauben gefunden.

So schlitterte ich in ein Theologiestudium. Im neutestament-
lichen Proseminar hörte ich dann im dritten Semester: Die Bibel
ist für den heutigen Menschen völlig unverständlich. Ohne histo-
risch-kritische Arbeit kann man von ihrer Botschaft nichts verste-
hen. Bitte wie, fragte ich? Ich hatte im Laufe des letzten Jahres die
Bibel intensiv studiert und lieben gelernt. War das illegal? Was sind
das – für Theologen? Wissen sie überhaupt, wovon die reden? Mei-
ne persönliche Begeisterung für die Bibel und der wissenschaftliche
Umgang mit ihr: Das schienen zwei Welten zu sein, die nicht zuei-
nanderpassten. Und für mich war schnell klar: Mit dieser Wissen-
schaft kann etwas nicht stimmen.

In studentischen Arbeitskreisen suchten wir nach Gründen für
dieses Auseinanderklaffen. Und da war dieses Wort: Das Problem
ist die „historisch-kritische Methode“. Dieser Ansatz verbietet es
an den Universitäten, die Bibel als Gottes Wort für heute ernst zu
nehmen. Was ist das für eine Methode? Wie konnte sich so etwas
durchsetzen?

Ende des 19. Jahrhunderts hatte Ernst Troeltsch einen Aufsatz
über die Prinzipien des historisch-kritischen Denkens verfasst, dass
der moderne Mensch die Bibel als ein historisches Dokument lesen
müsse und alles, was dort geschrieben steht, letztlich aus weltimma-
nenten Einflüssen erklärt werden müsse. Dieser Aufsatz wurde in
den vergangenen Jahrzehnten wohl von keiner Gruppe so intensiv
studiert wie von evangelikalen Theologiestudierenden. Dieser Text

erschien mir und vielen anderen gewissermaßen der Beweis zu sein für die Ideologisierung der modernen Theologie.

Eine Generation später wurde diese prinzipielle Bedeutung der historisch-kritischen Methode von Gerhard Ebeling betont. Ebeling bekannte sich nicht nur zur Notwendigkeit der historisch-kritischen Methode für die protestantische Theologie und Kirche. Er stellte auch die These auf, dass der Protestantismus in der Übernahme der historisch-kritischen Methode die Entscheidung der Reformation für das Prinzip des sola fide bekräftigt habe. Der Christ darf weder in seinen Werken Sicherheit suchen, noch in irgendeinem Tatsachenwissen über die biblische Geschichte. Wer gegenüber der historisch-kritischen Exegese Einwände erhebt, hat die Rechtfertigungslehre nicht verstanden.

Verwundert rieben wir uns die Augen. Wie kann man eine wissenschaftliche Methode durch religiöse Überhöhung praktisch unkritisierbar machen? Ich habe mich damals wie viele andere Studierende in die kritische Auseinandersetzung mit dieser Methodik hineingekniet. Mit diesem Denken konnte etwas nicht stimmen. Zeigten nicht selbst die hermeneutischen Überlegungen Rudolf Bultmanns eindeutig, dass alles Denken immer schon von Voraussetzungen geprägt sind? Wie ist es denn mit den weltanschaulichen Voraussetzungen des historisch-kritischen Denkens bestellt? Jedes Eingreifen Gottes muss immer schon als ausgeschlossen gelten? Wie kommen wir zu solchen Voraussetzungen?

Manchmal wird das von Exegeten nicht so klar ausgedrückt, sodass nicht wenige Theologiestudierende glauben, sich auf die kritische Exegese ein Stück weit einlassen zu können. Zum Glück gibt es diese Texte von Troeltsch und Ebeling, wo Klartext geredet wird. Es geht um nicht weniger als um eine Entmachtung des Wortes Gottes.

Der autonome Mensch spielt sich als Richter über das Wort auf und tarnt seine Absicht noch unter so hehren Zielen wie: Es gelte doch nur, das Bibelwort historisch zu verstehen. Undurchschaut bleibe die Absicht, durch Einordnung in ein Bild der Geschichte das Wort erst auf Abstand zu bringen – und es dann nach eigenen Maßstäben so zu zensieren, dass es dem modernen Wahrheitsbewusstsein unterworfen wird. Kritische Diskussionen über die historisch-kritische Methode passten im Universitätsstudium nie ins Konzept. Diese Methode setzt sich absolut, sie verweigert sich jeder kritischen Diskussion, indem sie jede Anfrage an sie selbst immer schon als fundamentalistisch oder naiv hinstellt.

Ende der 1990er- und Anfang der 2000er-Jahre kam ich noch einmal neu ins Fragen. Das hing nicht zuletzt mit meiner neuen Arbeit am Theologischen Seminar Tabor zusammen. Nun durfte ich selbst in einem Umfeld Theologie unterrichten, wo man die Bibel ernst nahm. Hier nun merkte ich, wie sehr ich es inzwischen gewohnt war, in meinem theologischen Denken die liberale, historisch-kritische Theologie mitzudenken. Meine Tabor-Studierenden meinten einmal zu mir, es sei ja schön, dass ich sie immer wieder auf die Einseitigkeit der historisch-kritischen Exegese oder der liberalen hinweise, bestimmt hätte ich recht. Aber die Frage für sie sei ja: Wie sollten wir es denn nun handhaben? Würden sich nicht auch evangelikale Bibelauslegerinnen und -ausleger mehr und mehr historischen Fragen stellen, die gar nicht so einfach zu beantworten seien?

Am Theologischen Seminar Tabor und der damit verbundenen Bruderschaft bzw. Lebensgemeinschaft stellte sich in diesen Jahren z. B. eine ganz praktische Frage: Dürfen künftig auch Frauen in Tabor studieren und können diese in den Gemeinschaften als

Predigerinnen angestellt werden? Ich persönlich fand das damals gut und richtig. Gleichzeitig merkte ich: Wie genau lege ich denn nun Bibelstellen aus, die dem entgegenzustehen scheinen, wie das paulinische „Das Weib schweige in der Gemeinde" (1. Kor. 14,34)? Es kann doch nicht sein, dass man es bei einer solchen Frage faktisch so hält: Na ja, da gibt es halt unterschiedliche Aussagen in der Bibel; suchen wir uns das aus, was uns gefällt, und übergehen eine solche Aussage (genau wie 1. Tim. 2,11-15) einfach mit Schweigen – um ja keine Bibelkritik zu üben! Das fand ich nun doch unehrlich; faktisch aber sah ich, dass viele konservative Gläubige es genauso machten. Sie betonten die absolute Autorität der Bibel und lehnten jede Bibelkritik ab. In vielen Fragen aber nahmen sie es dann doch nicht so genau mit der Bibel und vertraten Positionen, die sie mit ihrem Bibelverständnis gar nicht begründen konnten. Viel überzeugender waren in meinen Augen exegetische Ansätze, die sämtliche paulinische Aussagen im Horizont ihrer Zeit lasen und begründet erklären konnten, welcher Spur wir heute folgen und welcher nicht.

Allmählich merkte ich: Man kann sich gegenüber der Zumutung historischer und kritischer Fragen gegenüber der Bibel in einer Weise verschließen, dass man für sich selbst immer weniger Fragen, Zweifel oder Problemwahrnehmungen zulässt. War bzw. ist die ganze kritische Auseinandersetzung mit der historisch-kritischen Exegese ein großer Irrtum? Wenn man die Bibel nicht einfach unhistorisch lesen kann, muss man sie dann doch historisch studieren? Wenn man nicht einfach immer unkritische Zustimmung voraussetzen kann, braucht es am Ende doch kritische Bibelauslegung?

Vorsichtig ziehe ich heute eine Zwischenbilanz. Ich kann mein früheres Ich immer noch gut verstehen. Es gibt in der modernen Bibelexegese diese Tendenz zur Ideologisierung des eigenen Tuns, eine grundsätzliche Abschottung gegenüber theologischen Anfragen. *Aber es gibt schlicht und einfach auch sehr viele Exegeten, denen es mit großem Engagement, mit tiefer Kenntnis und Frömmigkeit darum geht, die Bibel zu verstehen und verständlich auszulegen. Der Ausdruck „historisch-kritisch" ist teilweise auf beiden Seiten zum Popanz gemacht geworden. Sowohl das empathische Bekenntnis wie die grundsätzliche Ablehnung dieser Wortkombination stehen bisweilen für eine Ideologisierung der Bibeldebatten.*

Es gibt Formen von sehr konservativem und sehr progressivem Denken, die wesentlich ein Gegen-Denken geworden sind. Solche Denkweisen lassen sich auch nicht mehr mit Fundamentalkritik bekämpfen, im Gegenteil, sie blühen geradezu auf in solchen Debatten. Denn jede Fundamentalkritik bestätigt ja die eigene Gesamtwahrnehmung, dass es letztlich immer um ein großes Entweder-oder geht, Schwarz oder Weiß. Nur im radikalen Gegenüber wird ein solches Denken schwungvoll, pointiert und lebendig. Ohne den Gegner – wird das eigene konservative oder auch progressive Denken merkwürdig blass, erschöpft sich nicht selten in der Wiedergabe und Erläuterung traditioneller Formeln oder abstrakter Floskeln.

Der Kulturkampf um die Bibel führt bisweilen zu Scheinklarheiten: Ohne historisch-kritische Methodik bleibt nur dumpfer Fundamentalismus! Wer sich der Bibelkritik öffnet, verliert den Glauben! Beiden Seiten könnte es guttun, fromme und kritische Fragen genauer auf ihr mögliches Recht hin zu bedenken. Ja, es gibt sich bibeltreu nennende Menschen, die aus Angst vor eigenen Zweifeln auf das offene Fragen anderer mit blinder Wut reagieren. Und ja, es gibt wissenschaftliche Bibelforscherinnen und -forscher, die in der Fülle ihrer Spezialfragen kaum noch einen religiösen Umgang mit der Bibel entwickeln oder bereichern können.

Der Tübinger Exeget Martin Hengel beschrieb es schon vor vielen Jahrzehnten auf hilfreiche Weise so: Die historisch-kritische Methode gibt es eigentlich gar nicht. Es gibt eine Vielfalt von wissenschaftlichen Methoden, die bei der Auslegung der Bibel helfen können. Sinn der Methoden ist es, den Text vor menschlicher Übergriffigkeit oder Besserwisserei zu schützen. Wissenschaft garantiert keine Wahrheitsfindung. Aber Wissenschaft ist der menschliche, fehler- und täuschungsanfällige Versuch, durch Klarheit und gegenseitige Kontrolle einseitige Interpretationen zu vermeiden und erhellende Entdeckungen zu machen. Wissenschaftliche Methoden zeichnen sich dadurch aus, dass sie einerseits rechnen mit der Möglichkeit ideologischer Wahrheitsverzerrung – und dass sie andererseits darauf vertrauen, dass gemeinsames Fragen, Forschen, Denken auf lange Sicht immer weiter führt als das verbissene Behaupten dessen, was man immer schon wusste. Wissenschaftliche Bibelauslegung kann befreiend sein, hilfreich und anregend. Und zugleich lebt sie davon, dass Glaubensgemeinschaften die Bibel ernst genug nehmen, um noch wirklich an den Aussagen der Bibel in ihrer Zeit und an ihrer Bedeutung für unsere Zeit interessiert zu sein. Es wäre an der Zeit, dieses Thema jenseits der klassischen Grabenkämpfe noch einmal ganz neu zu diskutieren.

Und hätten der Liebe nicht … (zu 1. Korinther 13)

Ich habe Präses Dr. Michael Diener[122] um einen Gastbeitrag gebeten, weil er wie kein anderer zwischen die Fronten des innerevangelikalen Richtungsstreits geraten war. In seiner Eigenschaft als Vorsitzender der Deutschen Evangelischen Allianz griff er u. a. das Thema Homosexualität auf und stieß damit einen längst fälligen Diskurs an. Das hat zu einer personalisierten Lagerbildung geführt. Kein Thema weckt mehr frommen Zorn und Empörung wie dieses.

Mich interessiert, was ihm dabei immer wichtiger geworden ist und was in all den Auseinandersetzungen und Enttäuschungen gefehlt hat. Hier Michael Dieners Beitrag zu 1. Kor. 13:

Darf man das? Eine so vielschichtige, facettenreiche Botschaft wie die der jüdisch-christlichen Überlieferung Alten und Neuen Testaments mit ein paar lapidaren Wörtchen zusammenfassen? Vor einigen Jahren habe ich mir diese Frage noch ernsthaft gestellt, inzwischen nicht mehr. Meine Antwort, gewachsen aus dem Hören auf eben diese biblische Botschaft und geläutert durch meine Lebenserfahrungen, ist eindeutig: Ja, man darf das nicht nur, man muss das sogar.

Vom Schma Jisrael über das Doppelgebot der Liebe (Mt. 22,27-30) bis zum Herzstück paulinischer (1. Kor. 13) und johanneischer

---

122 Studium der evangelischen Theologie von 1982–1989, u. a. Heidelberg, Erlangen, Denver (Colorado) und Tübingen. Theologische Dissertation an der Kirchlichen Hochschule Bethel 1990–1993, von 1994–2009 in verschiedenen Aufgaben der Evangelischen Kirche der Pfalz, zuletzt als Dekan in Pirmasens. Seit 2009 Präses des Evangelischen Gnadauer Gemeinschaftsverbandes mit Sitz in Kassel. Seit November 2015 Mitglied des Rates der EKD. Seit 2009 Mitglied des Hauptvorstands der Deutschen Evangelischen Allianz, von 2012–2016 deren Vorsitzender.

Theologie (Joh. 3,16; 1. Joh. 4,7 ff.) zieht sich ein roter Faden durch das Fundament unseres Glaubens: die Liebe.

Genauer: nicht „irgendeine Liebe", wobei ich bei dieser Eingrenzung schon zögere, denn die Liebe, die ich meine, ist der Quell aller Liebe, die sich wirklich so nennen darf. Aber sei's drum. Ich meine die „Agape", die Liebe, die in Gott selbst ihren Ursprung hat, viel mehr als „ein emotionaler Firlefanz", wobei das nicht abwerten soll, was Gott in seiner Schöpfung uns an „Emotionen" geschenkt hat, sondern göttlich inspirierte, uneigennützige Liebe. Eine Liebe, die nicht zulässt, Gottes- und Menschenliebe gegeneinander auszuspielen, die von unvoreingenommener Wahrnehmung, von Respekt, von Wert-Schätzung, von bedingungsloser Annahme meines jeweiligen Gegenübers geprägt ist. Aber auch eine Liebe, die sich, aus der innigen Gemeinschaft mit Gott, eben gerade nicht im Widerspruch zu Gottes „Seilen der Liebe", seinen Geboten, setzen lässt, sondern diese Gebote als Ausdruck der Liebe und Zuwendung Gottes ergründen, verstehen und ihnen gehorchen will. Eine Liebe, die unsere eigenen Kräfte und Möglichkeiten übersteigt, die zuerst und zutiefst von Vergebung und Neuanfang geprägt ist, die lernende, empfangende und sich zugleich gebende und verschwendende bleibt. Eine Liebe ohne Sicherheitsgurt und Versicherungsschutz, eine Liebe im Wagnis, ganz mit den Schwachen, Entrechteten, Unterdrückten, den Suchenden und Fragenden.

Die tiefste Antwort auf die Frage, warum ich trotz der Widersprüchlichkeiten, trotz der himmelschreienden Ungerechtigkeiten, trotz des Elends, der Gewalt und des so großen Leids in unserer Welt und Zeit immer noch Christ bin und bleibe, liegt in dieser Liebe. Ich kenne keine philosophische Höhe und keine nihilistische Tiefe, die mich immer wieder neu so atmen ließe wie die Botschaft

167

der göttlichen Liebe, des Evangeliums aus Altem und Neuem Testament. Diese Liebe ist nicht triumphal angesichts unserer Weltwirklichkeit, sie ist nicht exhibitionistisch, nicht besserwisserisch, eher ein immer neues Aufbegehren, ein niemals Aufgeben, ein Säen, ein „Dennoch", ein Hoffen und Vertrauen auf den, der mit seiner Liebe das letzte Wort behalten wird. Und dieses allerletzte und zugleich ewig neue erste Wort wird „Liebe" sein.

Jeden Tag neu will ich deshalb üben, lieben und mich lieben lassen, die Liebe Gottes in den unterschiedlichsten Sprachen wahrnehmen und entdecken, wertschätzen, suchen und finden. Ich habe dabei gelernt, dass sich die Liebe Gottes oft an ganz unerwarteten Plätzen finden lässt – gar nicht zuerst bei mir selbst, bei den Frommen oder denen, die sich dafür halten, sondern bei denen, welche Jesus in der Bergpredigt seligpreist, an ganz unerwarteten Orten, und immer neu entdecke ich auf meinen Wegen ins Ungewisse, dass Gott mit seiner Liebe immer schon da ist. Die Liebe Gottes in dieser Welt beginnt wahrlich nicht mit mir, meinen Worten, meinen Taten, meinen Begegnungen. Das macht demütig, suchend, fragend und zutiefst dankbar.

Diese Liebe Gottes führt mich in die Gemeinschaft der von Gott Geliebten, also aller Geschöpfe dieser Welt, und in die Gemeinschaft der Glaubenden, die diese Liebe Gottes schon erkannt haben. Dabei erstaunt mich immer wieder, dass, obwohl wir in dieser Gemeinschaft gleichermaßen auf die Stimme, das Reden Gottes hören und obwohl wir uns gegenseitig prägen und korrigieren, eine gewisse Subjektivität bleibt. Längst nicht alle meine Mitchristen erleben die Liebe Gottes so, wie ich das tue. Das fordert mich heraus, stellt mich infrage, führt mich ins Gespräch – und lässt mich doch in der von mir erkannten und erlebten Liebe bleiben.

Wahrscheinlich ist es ein Kennzeichen dieser uns von Gott geschenkten Liebe, dass sie genau diese Spannungen aushält. Den Eindruck gewinnt man nämlich, wenn man sich 2.000 Jahre Geschichte christlicher Liebesübungen einmal etwas genauer anschaut. Was ist da nicht alles im Namen der göttlichen Liebe Heilsames und Lebensstiftendes geschehen, aber was ist da nicht auch alles im Namen dieser Liebe verbrochen, legitimiert und zerbrochen worden! Ein Blick in die Geschichte macht demütig, verweist noch mehr auf das Grundkriterium der Liebe, der Annahme meines Gegenübers, nicht wie ich ihn sehe oder gerne hätte, sondern wie sie, wie er sich aus der eigenen Weggeschichte mit dem lebendigen Gott sehen und verstehen darf.

Skeptisch werde ich da, wo manche meinen, die Grenzen dieser Liebe ganz genau bestimmen zu können. Unduldsam werde ich, wo im Namen dieser Liebe Liebloses geschieht, wo Liebe nur verbal behauptet, aber nicht konkret gelebt, wo im Namen dieser Liebe Leben zerstört, Gemeinschaft gespalten und Lebenswirklichkeit nur noch aus der so begrenzten eigenen Perspektive wahrgenommen wird. Sprachlos macht mich, wenn ein Begriff von „Wahrheit" sich mit der Liebe auf Augenhöhe messen will, wenn es auf einmal „Christus und die Wahrheit" heißt, als trüge nicht jedes „und" nach Christus die Werkgerechtigkeit schon in sich selbst und als sei in dem wunderbaren Namen „Christus" nicht schon alles enthalten, an Liebe UND Wahrheit, was es zum Leben und im Sterben braucht.

Und es inspiriert mich, wenn ich landauf, landab den Geist der göttlichen Liebe in so vielen Gemeinden und Gemeinschaften erleben darf, wenn ich so viele Sendboten der Liebe erlebe, die als Brückenbauer und Wundenheiler unterwegs sind. Es bestärkt mich, wenn ich wahrnehme, wie wenig Gehör und Rückhalt die

Ausgrenzung und Verurteilung im Namen des Evangeliums findet und wie reif das Gespür dafür geworden ist, was nun wirklich „Christum treibet". Es macht mich zuversichtlich und froh, wenn ich erlebe, was die Liebe alles erträgt, wie viel Spannungen sie aushält und wie sie nicht aufhört zu glauben, zu hoffen und zu dulden. Ich buchstabiere wirklich, was es bedeutet, dass die Liebe die letzte Erkenntnis noch vor sich hat, dass sie aus dem Erkanntsein lebt und deshalb das Unscharfe über sich und diese Welt noch aushalten kann, ja aushalten will – um ihrer selbst, der Liebe willen.

In dieser Lernbewegung der Liebe werde ich bleiben. Ich will mich selbst daran messen lassen, ob an mir wenigstens die Sehnsucht nach dieser Liebe, das immer neue Suchen und Gefundenwerden zu erspüren ist. Und ich bin so dankbar für all die Menschen, die mit mir aus diesem Geist leben – allen Widerständen zum Trotz.

Was wir der Aufklärung verdanken

Ein Gespräch mit Dr. Ulrich Fischer

Heute ist der 20. Januar 2018. Ich besuche den ehemaligen Landesbischof der Badischen Landeskirche, Dr. Ulrich Fischer, in Neulußheim zwischen Karlsruhe und Mannheim. Er holt mich persönlich am Bahnhof ab und wir fahren zum Reiterhof seiner Tochter mitten im Grünen. Zwischen Reithallen und Pferdeställen wohnen Fischers mehrgenerationengerecht, umringt von ihren Enkelkindern.

Wir kennen und schätzen uns schon fast 20 Jahre, und zwar von gemeinsamen Studienreisen zur Willow Creek Community Church bei Chicago und von Veranstaltungen der AMD[123]. Ulrich Fischer war der erste Landesbischof der EKD, der Impulse dieser außergewöhnlichen Gemeinde in den landeskirchlichen Kontext übernommen hat. Heute ist er ehrenamtlicher Vorsitzender des Vertrauensrates der Arbeitsgemeinschaft Missionarische Dienste in der EKD, gehört zum Kuratorium von pro christ und engagiert sich als aktiver Bläser in der Posaunenarbeit der badischen Kirche und als Vorsitzender des Evangelischen Posaunendienstes in Deutschland. Dieser Mann hat ein Herz für Evangelisation. Und uns verbindet die Liebe zur Musik von Johann Sebastian Bach.

JM::

Was wäre aus der Kirche geworden, wenn sie nicht mit der Aufklärung konfrontiert worden wäre?

UF::

Sie wäre in der Orthodoxie versunken. Der Glaube bestand aus Vorgaben, die der einzelne Gläubige zu akzeptieren hatte. Ein Hinterfragen war nicht vorgesehen. Luther und die anderen Reformatoren hatten begonnen, selber zu denken. Ohne Aufklärung wäre die Kirche nach der Reformation in eine Erstarrung geraten. Die Aufklärung hat der Kirche die Riesenchance eröffnet, dass der einzelne Gläubige in die Lage versetzt wurde, seinen Glauben selbst zu formulieren. Der Einzelne wird zum Subjekt des Glaubens. Ich finde jede Religion problematisch, in der die Lehre vorgegeben wird und keine mündige Reflexion erwünscht ist. Ohne die Aufklärung wäre es nie zu einem Disput über das Bibelverständnis gekommen.

---

123 Arbeitsgemeinschaft Missionarische Dienste in der EKD.

JM::

Dann hat die Aufklärung die Voraussetzungen für mündiges theologisches Urteilsvermögen geschaffen, an denen sich auch die Laien beteiligen konnten.

UF::

Ja, aber nicht nur in Glaubensfragen. Die Aufklärung hat die Voraussetzungen für unsere heutige Demokratie geschaffen, der Mensch ist ein politisches Subjekt. Oder die Wissenschaft: Forscher durften ihre Erkenntnisse vortragen, ohne Gefahr zu laufen, unter ein Verdikt zu geraten. Diese Freiheit zum Denken hat natürlich zu einer Pluralisierung geführt, die das kirchliche und politische Leben nicht leichter gemacht hat. Aber das Leben wurde ehrlicher.

JM::

War die Kirche Opfer oder Täter der Aufklärung? Schließlich genießt die Christenheit viele Vorteile, z. B. Meinungs- und Pressefreiheit, Freiheit zum christlichen Zeugnis, Freiheit in der Wahl der Kirche, Freiheit zu wechseln. Eigentlich hätten die Christen auf diese Idee kommen müssen. Diejenigen, die die Christen, die Bibel und die Kirche mit der aufgeklärten Vernunft verunsichert haben, die haben den Christen ein Maximum an Freiheit beschert.

UF::

Ehrlicherweise müssen wir zugeben, dass die Kirche nicht die Mutter der Aufklärung war. Vielmehr wurde die Aufklärung von außen der Kirche quasi aufgedrängt durch Menschen, die den Schritt aus der Unmündigkeit wagten. So wurde die Aufklärung auch anfangs von der Kirche bekämpft. Die besondere Leistung der Kirche bestand nun darin, dass sie ihre Feindin Aufklärung zur Freundin gemacht und all jene Errungenschaften erworben hat, die

Sie eben genannt haben. Es ist schön, in einer Kirche wirken zu können, in der die Freiheit des Denkens ein hohes Gut des Glaubens geworden ist.

JM::

Die Aufklärung des 18. Jahrhunderts beruft sich auf die Vernunft. Ist das der Grund, warum Christen den Einbruch der Aufklärung in ihre kleine Welt beklagen?

UF::

Die Menschen heute haben eine unheimliche Angst vor der Globalisierung. Die Welt wird unübersichtlicher. Wenn ein bestimmter Rahmen wegfällt, der uns bisher beschützt hat, dann verlieren wir die Orientierung. Viele Menschen meinten die Heimat zu verlieren, die vor der Begegnung mit der Aufklärung so vertraut war und Schutz geboten hatte. Die Sehnsucht nach einer solchermaßen bergenden Heimat gibt es heute noch: Ich wurde als Bischof oft um ein Machtwort gebeten. In der evangelischen Tradition steht mir das aber nicht zu. Ich kann nur beraten, vermitteln und mit Worten überzeugen. Wer das bischöfliche Machtwort möchte, das alles klärt, muss nach Rom gehen. Wir pflegen das Priestertum aller Glaubenden.

JM::

Was hat die Kirche in der Begegnung mit der Aufklärung verloren?

UF::

Den scheinbar unmittelbaren Zugang zur Bibel, der scheinbar Halt gegeben hat. Die Bibel nicht unterscheidend zu lesen, sich nicht mit Schriftverständnis und Auslegung zu befassen, sondern einfach zu glauben, schafft Geborgenheit und Heimat. Aber der Glaubende muss irgendwann einmal durch das Nadelöhr des Denkens.

JM::

Was ja eigentlich etwas Schönes ist. Braucht der Glaubende wirklich aufgeklärte Wissenschaften, um sein Leben als Christ zu führen?

UF::

Der glaubende Christenmensch lebt ja nicht auf einer Insel der Seligen. Er lebt in einer Welt, in der aufgeklärte Wissenschaften viele Abläufe des Lebens erklären, deuten und begründen. Und im beruflichen Wirken wird sich niemand der Logik der Wissenschaften entziehen können – warum dann in der Kirche? Aber das Leben geht nicht auf in purer Rationalität, es gibt ein Mehr des Glaubens, das nicht irrational ist, wohl aber über eine rein wissenschaftliche Weltdeutung hinausgeht.

JM::

In evangelikalen Kreisen wird die sogenannte historisch-kritische-Methode beklagt. Schleiermacher und seine Schüler hätten den Glauben untergraben und verheerende Einbrüche verursacht, besonders beim pastoralen Personal.

UF::

Die Frage möchte ich ganz persönlich beantworten. Ich habe im ersten Semester meines Theologiestudiums gute Erfahrung mit dieser Methode gemacht. Mein Glaube ist dadurch nie in Gefahr geraten. Ich habe bei Prof. Conzelmann – einem Bultmann-Schüler – ganz befreiend erlebt: Du darfst denken! Das hat mir gutgetan. Mir wurde nichts vorgeschrieben. Ich durfte glauben und mitdenken. Ich habe aber viele Kommilitonen erlebt, die dadurch schwer verunsichert wurden, aber die meisten haben es durchgestanden und sind dann gute Pfarrerinnen und Pfarrer geworden. Wer ein Leben lang seinen Kinderglauben bewahren will, wird als Pfarrer in manche Verlegenheit geraten. Die größten Probleme hatten später jene Pfarrer, die ganz fromm aus dem behüteten Pietismus kamen, verunsichert wurden und keinen eigenen Weg finden konnten. Die haben oft mit den Schatten ihrer Vergangenheit gekämpft und wurden nicht selten zu Ultra-Kontra-Evangelikalen. Ich aber bin überzeugt: Wenn man den ganzen dogmatischen Überbau nicht mehr braucht, gelangt man zu einer Gewissheit des Glaubens, die ganz tief trägt. Das Gefühl der schlechthinnigen Abhängigkeit hat mich durch mein Leben getragen.

JM::

Auch das ist eine Folge Schleiermachers. Sollte man diesen belastenden Begriff nicht abschaffen, weil die Leute unter „historisch-kritisch" eine prinzipielle Bibelkritik verstehen?

UF::

Darauf kann man gern verzichten. Essenziell jedoch ist das Kennenlernen der biblischen Texte in ihren Entstehungsbedingungen. An wen richtet sich der Text ursprünglich? Dann erst kann ich fragen, was er mir bedeutet. Mein theologischer Lehrer Walter J. Hollenweger hat immer gesagt: Paulus hat seine Briefe an die Gemeinde in Korinth geschrieben, nicht an die Kirche in Neulußheim. Wenn ich das unterscheide, dann können mich diese Briefe wie ein Hammer treffen, mich trösten im Leben und im Sterben.

JM::

Was würde passieren, wenn wir die Bibel nicht in ihren historischen, kulturellen und gattungsgeschichtlichen Kontexten unterscheiden und lesen würden?

UF::

Dann kommt das raus, was wir gegenwärtig in der Debatte um die Homosexualität erleben. Da werden einzelne Bibelstellen zitiert, die in ihrem ursprünglichen Kontext etwas ganz anderes sagen wollten. *Die homosexuell gelebte Partnerschaft auf Dauer, die zwei Menschen aus Liebe miteinander eingehen, kennt die Bibel nicht. Die Bibel kennt Tempelprostitution, sexuelle Erniedrigung von Sklaven, gleichgeschlechtlichen wechselnden Verkehr mit solchen, die Luther mit „Lustknaben" übersetzt hat. Das sind Gräuel, darin sind wir uns einig.*

JM::

Nun hätten die Evangelikalen auch andere Themen auf den Leuchter setzen können: Öko-Ethik, Sozialethik, Friedensethik zum Beispiel. Warum diese vehemente Fixierung auf sexualmoralische Themen?

UF::

Ich bin Michael Diener, dem Gnadauer Präses, sehr dankbar für einen bemerkenswerten Vortrag, den er vor einigen Jahren zu diesem Thema gehalten hat. Wir fixieren uns auf dieses intime Thema und vernachlässigen all die Missachtungen unseres eigenen Lebens und unserer Gemeinden. Jesus sagt zum Thema unseres Umgangs mit Geld sehr viel, warum interessiert uns das nur am Rande?

Ich vermute, dass die Fixierung auf dieses Thema damit zu tun hat, dass es da ganz tief um unsere Identität als Mann und als Frau geht. Wenn andere einem anderen Lebensentwurf folgen, stellt mich das infrage. Sexualität ist eine elementare Lebensäußerung mit einem hohen Risiko an tiefer Verletzbarkeit. Die Kirche ist seit jeher – vor allem seit Augustinus – mit dieser intimen Frage beschäftigt.

JM::

Was wünschen Sie der evangelikalen Bewegung in Deutschland?

176

UF::

Ich habe in der Badischen Landeskirche mit den Gemeinschafts-
verbänden sehr gute Erfahrungen gemacht, obwohl wir uns theolo-
gisch längst nicht immer einig waren. Wir sind immer sehr vertrau-
ensvoll miteinander umgegangen. Also meine Wünsche:

- *Respektvoller Umgang mit Christen anderer Prägung.*
- *Die Anerkennung der Tatsache, dass die Kirche plural unter-*
wegs ist. Was wir in der Kirche durchstehen mussten, holt jetzt
die Freikirchen und Verbände auch ein.

Mich bekümmert, dass jene Evangelikalen, die sich für den re-
spektvollen Umgang einsetzen, dafür in den frommen Medien auch
noch kritisiert werden.

JM::

Ich danke für das Gespräch. Nun haben wir noch ein Stünd-
chen für ein Kaffeegespräch über ihre geliebten Kantatengottes-
dienste.

Warum Evangelikale der Theologie misstrauen

Ein Gespräch mit Prof. Dr. Andreas Heiser[124]

---

124 Studium der Evangelischen Theologie in Göttingen, Marburg und Bochum. Ausbildung
zum Pastor im Bund Freier evangelischer Gemeinden, KdöR am Theologischen Seminar
Ewersbach. 2004–2010 Wissenschaftlicher Mitarbeiter am Lehrstuhl für Ältere Kirchengeschichte der Theologischen Fakultät der Humboldt-Universität zu Berlin (Prof. Dr. Dres.
h.c. Christoph Markschies, Präsident der Humboldt-Universität zu Berlin). 2009 Promotion zum Dr. theol., ebendort. 2012 Ernennung zum Professor an der Theologischen Hochschule Ewersbach. Seit 2014 Rektor der Theologischen Hochschule Ewersbach.

JM::

Andreas, du stammst selbst aus einer traditionellen Freien evangelischen Gemeinde. Gemeinden dieses Bundes wurden früher durch Prediger betreut, deren Ausbildung eher auf Bibelschulniveau als auf Hochschulniveau lag. Und diese Prediger haben eine gute Arbeit geleistet. Mangelnde wissenschaftlich-theologische Kenntnisse waren kein Hinderungsgrund für einen gesegneten Dienst. Ich habe den Eindruck, dass in manchen evangelikalen Kreisen die Akademisierung der theologischen Ausbildung für Verunsicherung gesorgt hat.

AH::

Ich bin dir dankbar für deine Einschätzung. Man tut gut daran, die Ausbildung vor der Akkreditierung nicht schlechtzureden.

Ich teile die Bezüge der evangelikalen Bewegung auf das Evangelium, wenn sie die grundsätzliche Bedeutung der Erlösung durch den persönlichen Glauben an Christus als Herrn herausstellt, wenn sie die Autorität der Heiligen Schrift für den christlichen Glauben und das Leben betont, wenn sie eine Lebensführung der Frömmigkeit und Nachfolge favorisiert und aktives Engagement für Evangelisation und die Diakonie betont.

Mein Problem ist, dass die Bewegung auch heute meint, sich gerade öffentlich aus einer Antihaltung heraus legitimieren zu müssen. Immer wird auf den Liberalismus und auf die relativistische Ethik gehauen, damit man selbst umso leuchtender als der letzte Hort der Wahrheit dasteht. Die evangelikale Bewegung müsste also begreifen, dass sie nicht die letzte Cola in der Wüste ist. Das wird sie nicht nur als Dialogpartner mit der weiteren Kultur lernen müssen, sondern sie muss auch einüben, innerhalb ihrer selbst mit der Vielfalt pietistischer Alternativen umzugehen.

Wir in Ewersbach betreiben bewusst „evangelische" Theologie. Damit meinen wir, dass wir in der Bindung an das Evangelium von Jesus Christus, auf der Grundlage des Apostolischen Glaubensbekenntnisses, in Anschluss an das Evangeliumsverständnis der Leuenberger Konkordie und in Übereinstimmung mit der Präambel des Bundes Freier evangelischer Gemeinden arbeiten.

Gleichzeitig nehme ich wahr, dass der Gedanke an Wissenschaft hier und dort mit Angst besetzt ist. Wissenschaftliche Forschung sei doch „das Bemühen, die Welt aus ihren natürlichen Ursachen heraus zu verstehen", höre ich dann. Und somit sei Wissenschaft gottlos – vom Menschen gemacht. Sie lasse keinen Platz mehr für Gott, weil man nur noch mit solchen Dingen rechne, die der Verstand auch erklären könne.

Dabei ahnen Gemeinden häufig nicht, wie wissenschaftlich sie selbst längst arbeiten. Sobald man Bibeltexte nicht wörtlich wiederholt und nicht nur fragt, „Was hat der Apostel gesagt?", sondern zusätzlich die Frage stellt: „Warum hat der Apostel das, was er sagt, genau so und so gesagt?", ist man dabei, Theologie zu treiben und sich wissenschaftlich zu betätigen.

Ich glaube, die Angst vor der wissenschaftlichen Theologie entsteht gerade dadurch, dass sich Gemeinden nicht darüber im Klaren sind, wie sehr sich Theologie und Gemeinde gegenseitig bedingen und beeinflussen.

Theologie ist also das „intellektuelle Gewissen der evangelischen Kirchen", wie es Friedrich Wilhelm Graf einmal formulierte. Auf der einen Seite ist sie der wissenschaftlichen Erkundung des Glaubens verpflichtet, auf der anderen Seite muss sie den Wahrheitsanspruch des Evangeliums kritisch verantworten. Gemeinden brauchen so ein kritisches Gegenüber, wie es die Theologie bietet. Die Theologie *muss ihnen nämlich helfen, dass sie ihre jeweiligen Lebens- und Ausdrucksformen nicht verwechseln mit der Wahrheit des Evangeliums. Die wissenschaftliche Theologie hilft uns, unsere Lebens- und Ausdrucksformen und auch unser Denken über Gott am Evangelium zu überprüfen und da, wo nötig, zu erneuern.*

Damit wird schon klar, dass wir als Hochschule nicht irgendetwas sind, sondern im besten Sinn ein Tendenzbetrieb, der sich auf den uns vorgegebenen Glauben an Jesus Christus und dessen Praxis in der bestimmten Gestalt unserer Freikirche bezieht. Und unsere Theologie will und kann dazu beitragen, dass die Gemeinde und die Christen tiefer vertrauen, liebevoller handeln und klarer denken.

Die sogenannten Evangelikalen tun sich meines Erachtens noch aus einem anderen Grund schwer mit der wissenschaftlichen Theologie. Wissenschaftliche Theologie rechnet mit einem Fortschritt in der Erkenntnis der Wahrheit und entwickelt sich in Richtung Zukunft. Das macht Angst.

Das Problem besteht darin, dass hier beim Nachdenken über Hochschule solche Zukunftsbilder entwickelt werden, die die Gegenwart prägen. Diese Bilder lassen sich aber beim genaueren Hinsehen nicht mit der Realität in Deckung bringen.

- *Das erste dieser Bilder betrifft die rasante Beschleunigung, der wir durch die Hochschulanerkennung ausgesetzt sind. Wir stürzen von einem Systemwechsel in den anderen, in unseren Worten „von Akkreditierung zu Akkreditierung". Unentwegt müssten wir uns weiterentwickeln, überall wird die Posaune des Fortschritts geblasen. Wir verlieren unseren guten alten Kern und gewinnen eine atemnehmende Zerfaserung.*

- *Das zweite Bild zeichnet in dieses Beschleunigungsszenarium die Kontrolle ein. Gemeinden haben Angst, in Zukunft die Kontrolle über unsere Einrichtungen zu verlieren. Nach der staatlichen Anerkennung der Hochschulen werde uns der Staat früher oder später die Kontrolle über die Inhalte der Ausbildung aus der Hand nehmen. Dann werde die Theologie in Religionswissenschaft aufgelöst werden.*
- *Das dritte Bild erwartet einen ungeheuren Bruch zur guten alten frei kirchlichen Vergangenheit. In Gemeinden höre ich die Behauptungen von Zeitenwenden, die unmittelbar bevorstehen. Ständig „bricht etwas zusammen", ständig „geht etwas den Bach runter" und wird „nie wieder hochkommen". Als Historiker bin ich hier gelassener, denn solche Untergänge sind in der Geschichte wirklich selten, und sie kommen auch nie plötzlich – Rom brauchte fast tausend Jahre für seinen Untergang. Aber wir hören allerorts, dass wir selbst gerade in den schwerwiegendsten Umbruchszeiten leben.*
- *Das vierte Bild wittert nicht nur einen Umbruch, sondern den vollständigen Ersatz. Es sieht so aus, dass unsere Zukunft dadurch ausgezeichnet sein wird, dass das Neue das Alte oder das Gegenwärtige vollständig überholt und ersetzt. Die zukünftige Ausbildung werde man gerade daran erkennen, dass sie von allem Bekannten, vom Gewohnten und Vertrauten nichts mehr übrig lassen werde. Wenn sich etwas verändert, wird diese Veränderung von besorgten Zeitgenossen immer total gedacht.*

Wir vergessen dabei zu leicht, dass Neuerungen immer nur mit erkennbarem Rückgriff auf Bestehendes überhaupt funktionieren. So war es in der Re(!)naissance, so ist es im Re(!)cycling und ebenso ist es gewesen in der Re(!)formation. Wir trauen dem Wandel nicht zu, dass er das Alte in neuer Form bewahrt oder vielleicht sogar erst zur Geltung bringt. Wir sollten hier mehr auf Bert Brecht hören: „Wer sich nicht wandelt, kann nicht derselbe bleiben." Das trifft gegenwärtig für unsere Ausbildung zu. Um auch in Zukunft erkennbar frei-evangelisch zu bleiben, braucht es eine Weiterentwicklung der Ausbildung.

Diese vier Bilder haben die Gemeinden in weiten Teilen fest vor Augen. Sie sind sozusagen die Standardeinstellungen des Nachdenkens über die Entwicklung in den Gehirnen. Wir müssen also die Ganz-oder-gar-nicht-These „Nichts-wird-mehr-so-sein-wie-früher" aus unseren Köpfen streichen und den Veränderungen positiv gegenüberstehen.

Unsere Arbeit ist für die Gemeinden da. Natürlich muss eine Hochschule in gewisser Weise Avantgarde sein. Wenn sie nur das Bestehende bestätigen sollte, wäre sie eine gigantische Fehlinvestition. Falsch wäre aber sicher auch, wenn wir den Gemeinden von Ewersbach aus zurufen: „Wir stehen vor riesigen Umbrüchen, in denen ihr nicht mitkommen werdet, aber dennoch die Hauptrolle spielt." Man würde uns aber auch zu Recht fragen, warum es uns gibt, wenn wir nicht glaubten, dass wir vor Umwälzungen stehen.

JM::

Gibt es Wege, die örtlichen Gemeindeleitungen mit den theologischen Inhalten der Ausbildung vertraut zu machen?

AH::

Wir sind dankbar für die wachsende Einsicht, dass persönliche Frömmigkeit gesellschaftlich und hochschulweit heute kein Stigma ist, sondern ganz im Gegenteil, dass die Darstellungsformen des

Glaubens in Gottesdienst, Gebet, Bibelarbeit, auch wie wir sie praktizieren, geschätzt werden.

Unsere Professoren sind ausnahmslos alle auch ausgebildete Pastoren mit Berufserfahrung – so will es das Hessische Hochschulgesetz für die Arbeit an Hochschulen für angewandte Wissenschaften. Zudem sind wir als Professoren allesamt Gemeindeglieder in unterschiedlichen Ortsgemeinden, bringen wie jedes andere Gemeindeglied unsere Begabungen ein und manche von uns sind sogar in Gemeindeleitungen von Ortsgemeinden.

Zudem sind wir Sonntag für Sonntag als Prediger unterwegs, halten Vorträge, Bibelabende, Gebetsstunden, Fortbildungsveranstaltungen, und sind sozusagen Botschafter unserer eigenen Arbeit. Wenn ich die Wege gewichten sollte, so ist die Kommunikation unter Anwesenden ein Kanal, der Irritationen am besten abbaut. Wirksam wäre es auch, die Publikationen unserer Hochschullehrer zu lesen. Das geschieht scheinbar weniger.

JM::

Was passiert mit einem Absolventen, der die leibliche Auferstehung Jesu nicht glauben kann?

AH::

An der Hochschule planmäßig nichts. Wir sind und bleiben eine Hochschule, kein Apparat der Gesinnungsprüfung. Was mit den Absolvierenden nach ihrem Abschluss an der Hochschule geschieht, verfolge ich zwar aus persönlicher Verbundenheit mit großem Interesse, es liegt aber jenseits meines Handlungsbereichs.

Deine Frage geht aber denke ich tiefer. Zunächst einmal dürfen wir als Christen nicht so tun, als sei der Glaube an die Auferweckung des Herrn unproblematisch, überall als Wissensbestand akzeptiert, und es wäre nun daran, die wenigen Abweichler auszumachen, die mit dem Glauben an eine Auferweckung bleibende Schwierigkeiten haben. Ich selbst habe nie eine Auferweckung gesehen. Schon für die Evangelisten drang also etwas durch, das die gewöhnliche Erfahrung überstieg.

Wir dürfen zudem nicht so tun, als wäre es meine Möglichkeit oder die eines Studierenden oder Absolventen, an die Auferstehung zu glauben, nach dem Motto: „Hier ist die Auferstehung und nun glaub daran!" Anders gesagt: Die Auferweckung Jesu verdankt sich ebenso wie der Glaube daran dem Wirken Gottes. Man kann nicht an die Auferstehung des Herrn glauben, wenn der Herr selbst einem dieses Geschehen nicht erschließt.

Ich sehe zwei Gefahren, denen Studierende erliegen. Die eine besteht darin, von der Psychologie auszugehen und die Auferweckung als innerpsychisch motivierten Vorgang der Auferstehungszeugen zu verstehen. Die andere scheint mir zu sein, vom Dogma auszugehen und das Übermenschliche zu behaupten, es aber nicht an der Gestalt Jesu Christi sichtbar zu machen.

Man entgeht beiden Gefahren, wenn man auf Jesus Christus selbst schaut. Wenn wir die Bibel lesen, merken wir sofort: Jesus steht anders zur Welt, zum Leben, zum Dasein, als wir das tun.

Wer die leibhafte Auferweckung Jesu Christi ablehnt, lehnt auch alles ab, womit sie in Jesu Leben und Wirken zusammenhängt. Was dann bleibt, lohnt keinen Glauben mehr. Nun ist aber nach evangelischem Verständnis das Pastorenamt dem Glauben funktional zugeordnet und eingesetzt „solchen Glauben zu erlangen". Darum ist es fraglich, wie ohne jeglichen Glauben an den leibhaft auferstandenen Herrn ein evangelisch ausgeübtes Dienstamt geführt werden soll? Denn für den Verkündigungsdienst braucht es meines Erachtens wenigstens das Staunen über die Auferweckung und den *daraus resultierenden Dank an Gott, dass der Tod nicht das letzte Wort hat, sondern das Leben siegt. Darüber zu befinden ist freilich nicht mehr die Frage an die Hochschule, sondern an die Gremien der Leitung unseres Gemeindebundes.*

JM::

Vielen Dank für diese klärende Auskunft.

Warum die Kirche eine sich ständig transformierende Kirche sein muss

Ein Gespräch mit Dr. Tobias Faix, Professor für Praktische Theologie an der CVJM Hochschule in Kassel [125]

JM::

Du leitest den Masterstudiengang „Transformationsstudien: Öffentliche Theologie & Soziale Arbeit". Du hast über 20 Bücher geschrieben, die nicht immer allen gefallen haben, dein Name steht für Innovation und Transformation, für neue Zugänge zum Evangelium. Einer meiner Freunde hat einmal die „Transformationsstudien" als eine gefährliche Bedrohung der Gemeinde Jesu bezeichnet. Warum sollte eine Bewegung gefährlich sein, die sich mit der Weiterentwicklung von Gemeinde und Theologie beschäftigt? Wo liegt der Verrat am Evangelium?

---

125 Tobias Faix hat in Deutschland, Amerika und Südafrika Theologie studiert, dies mit einer Promotion abgeschlossen. Er leitet das Institut für Transformationsstudien (ITS) und das Institut empirica für Jugendkultur & Religion. Außerdem ist er Professor am Department Christian Spirituality, Church History and Missiology an der UNISA.

TF::

Es gibt keinen Verrat am Evangelium! Das Evangelium ist die gute Nachricht Christi vom Versöhnungsangebot Gottes. Der soge- nannte Verrat liegt für manche konservative Christen wohl darin, dass wir behaupten, dass dies zum einen vorbehaltlos für alle Men- schen gilt und zum anderen durch Wort und Tat gleichermaßen ge- lebt und verkündet werden soll. Ich halte diesen Streit für überflüs- sig und für falsch, da der, der das Heil bewirkt, Gott selbst und der Heilige Geist ist, und dieser ist für uns Menschen nicht verfügbar, er weht, wo er will, gleichermaßen durch Worte und Taten.

JM::

Warum reagieren fromme Leute so empfindlich auf das Trans- formationsthema?

TF::

Das wüsste ich auch gerne. Vielleicht lese ich das ja bei einigen anderen Beiträgen in diesem Buch. Aber in den Diskussionen mit einigen Kritikern stelle ich fest, dass es vor allem an den unter- schiedlichen Weltbildern, also wie wir die Welt grundsätzlich wahr- nehmen, liegt. Mir hat da der Soziologe Hartmut Rosa geholfen, der eine recht schlichte, aber sehr aussagekräftige Kreuztabelle gebildet hat, die aufzeigt, wie unser Weltbild unser Denken und Handeln prägt:

	Aktives Weltverhältnis (Können die Welt verändern)	Passives Weltverhältnis (Können die Welt nur aushalten)
Weltbejahung (positives Weltbild)	Weltanpassung	Weltbetrachtung
Weltverneinung (negatives Weltbild)	Weltbeherrschung	Weltflucht

(Rosa 2016:222)

Die Transformationsstudien zum Beispiel verorten sich am ehesten links oben, da ich theologisch davon ausgehe, dass Gott die Welt geschaffen hat und diese sich entwickelt, sowohl zum Guten als auch zum Schlechten. Ich glaube nicht daran, dass es immer mehr bergabgeht und am Ende der Herr wiederkommt. Dazu kommt, dass ich glaube, dass wir als Christen die Welt mitgestalten sollen, dass wir einen Schöpfungsauftrag haben und auch Verantwortung für die Menschen und diese Erde haben, dass das Reich Gottes „schon mitten unter uns ist", es also begonnen hat, auch wenn es noch nicht vollendet ist. Meine Kritiker kommen meist von links oder rechts unten, haben also ein kulturpessimistisches Weltbild und glauben, dass wir hier auf der Erde möglichst durchhalten müssen und es unsere Aufgabe ist, möglichst viele Menschen zu bekehren. Die Geschwister links unten kommen meist aus dem charismatischen Bereich und erwarten, dass der König der Könige die geistliche Herrschaft über diese Welt endlich beginnt; die Geschwister rechts unten haben sich eher in ihre Gemeinden zurückgezogen und lamentieren, dass unsere christlichen Werte mehr und mehr verloren gehen. *Das Problem an der ganzen Sache ist, dass es in unseren Diskussionen ja nicht um die Weltbeziehungen geht, sondern um die Theologie und dass bspw. die Geschwister rechts unten an eine theologische Wahrheit glauben, die sie zufällig besitzen. Das macht es auf Dauer etwas anstrengend.*

JM::

Du hast mit einer empirischen Studie von dir reden gemacht, warum Menschen nicht mehr glauben. Warum schmeißen einst sattelfeste Christenmenschen den frommen Bettel hin?

TF::

In unseren Interviews tauchten im Zusammenhang mit dem Leitmotiv Moral zwei Erscheinungsformen auf. Einige der Gesprächspartner machten die Erfahrung, dass sie von den moralischen Vorstellungen in ihrer christlichen Gemeinschaft vor allem eingeengt wurden. Sie fühlten sich unfrei, so zu leben, wie es ihren Vorstellungen entsprach. Dies betraf nicht nur das alltägliche Leben mit seinen vielen großen und kleinen Entscheidungen, sondern auch den Glauben selbst. Aus diesen Erfahrungen kristallisierte sich bei der Analyse der Gespräche der Typ der Eingeengten heraus.

Beim zweiten Typ, den Verletzten, kam die Moral – und mit ihr häufig auch Macht – nicht nur einengend an die Persönlichkeit heran, sondern überschritt diese Grenzen sogar. In den Interviews tauchten alle möglichen Formen von Übergriffen und Verletzungen in Gemeinden und durch Christen auf. Diese waren teils geistlich, teils psychisch, aber auch körperlich und sexuell. Letztlich kann man zum Leitmotiv Moral festhalten, dass immer das Verhalten von anderen Christen und der jeweiligen Gruppe oder Gemeinde einen entscheidenden Einfluss darauf hatte, dass die betreffenden

Personen nicht mehr glauben (können). Der Verlust bzw. das Ab-
legen des Glaubens geht einher mit einem Bruch mit den betreffen-
den Personen und dient auch dazu, wieder die Souveränität über
das eigene Leben zu erlangen.[126]

JM::

Was bedeutet das nun für die evangelikale Bewegung? Worin
besteht der Handlungs- und Lehrbedarf?

TF::

Die pietistisch-evangelikale Bewegung soll sich auf das besinnen,
was sie stark gemacht hat, nämlich den gelebten Christusglauben
als Mitte des Evangeliums zu verstehen. Diese ständigen Graben-
kämpfe sind nicht nur anstrengend, sondern sie dienen nicht dem
Evangelium. In einer Zeit der zunehmenden Säkularisierung, der
schrumpfenden Kirchen und der knappen Kassen sollten wir eher
zusammenarbeiten, als uns ständig gegenseitig anzugreifen und
zu verurteilen. Wer Teil am Leib Christi ist, bestimmt Gott und
nicht wir. Der amerikanische Franziskanerpater Richard Rohr
schreibt treffend: „Wenn Gott Richter ist, dann sind Sie und ich es
nicht. Wenn Gott Richter ist, dann ist es die menschliche Kultur
nicht. Wenn Gott Richter ist, dann sind es die Kirchen nicht. Wenn
Gott Richter ist, dann werden unsere Handlungen sich selbst wahr-
heitsgemäß richten und das Werk eines jeden wird offenbar werden"
(Hoffnung und Achtsamkeit, 10). Oder um es für meine bibeltreuen
Geschwister zu sagen: „Richtet nicht, damit ihr nicht gerichtet wer-
det" (Mt. 7,1).

Unsere Aufgabe ist es, jetzt mit diesem Leib zu leben, und da sind
nun mal alle Glieder unterschiedlich. Es ist ein Missverständnis,

---

126 Mehr dazu in dem Buch „Warum ich nicht mehr glaube". SCM Brockhaus, Holzgerlingen
2015.

dass Einheit im Leib Christi Einigkeit in allen theologischen Fragen oder auch in der Glaubenspraxis bedeutet. Das Gegenteil ist der Fall. Wenn man die Bibel ernst nimmt, dann sind gerade die verschiedenen Glieder unterschiedlich und helfen und ergänzen sich in ihrer Unterschiedlichkeit. Dabei kann diese Vielfalt in der Einheit Christi durchaus anstrengend sein, weil mich das Fremde des Anderen infrage stellt. Die Grundlage für eine geschwisterliche Auseinandersetzung ist meine eigene Christusidentität. Und über allen Auseinandersetzungen warnt Paulus vor Spaltung (1. Kor. 12,25) und ermutigt voneinander zu lernen (1. Kor. 12,15 ff.).

Das verborgene Potenzial russlanddeutscher Gemeinden

Was sind Russlanddeutsche? Ich habe Dr. Heinrich Derksen – Direktor des Bonner Bibelseminars und Kenner des russlanddeutschen Milieus – (wir kennen uns aus dem Hauptvorstand der DEA) gefragt, wie es um die Integration dieses speziellen Potenzials steht.

Ein Russlanddeutscher ist kein Russe, sondern ein Deutscher aus Russland. So wie es unmöglich ist, „den" Deutschen zu definieren, so schwierig ist es zu beschreiben, wer „die" Russlanddeutschen sind. Es gibt hier inzwischen gut 2,5 Mio. Russlanddeutsche. Viele sind bereits in Deutschland geboren, aber da ihre Eltern aus Russland kommen, werden oft die Kinder noch als zweite Generation

Russlanddeutscher gezählt. Ich selbst bin mit sechs Jahren bereits 1976 nach Deutschland gekommen, bin also per Definition ein Russlanddeutscher, habe aber gut sozialisiert und integriert in Deutschland und im Ausland studiert und promoviert. Dennoch bekenne ich mich zu meiner russlanddeutschen Identität. Dazu gehören nicht nur Allüren und typische Gewohnheiten und Esskultur, sondern auch eine mindestens 250-jährige, teils sehr leidvolle Geschichte in Russland, ein tief verwurzelter Glaube und Traditionen, die ich nicht missen möchte. Denn sie wahren mir meine Identität.

Die Russlanddeutschen kann man nur als Bewegung beschreiben und verstehen. Bereits in Russland lebten die Deutschen vor der Vertreibung in Kolonien und Dörfern abgegrenzt voneinander und von der Mehrheitsgesellschaft isoliert. Es gab katholische, evangelische und mennonitische Dörfer, die teilweise kaum Kontakt zueinander hatten. Sie kamen aus den unterschiedlichsten Gegenden Deutschlands, sprachen unterschiedliche Dialekte und brachten ihre Sitten, Traditionen und ihren Glauben mit. Die Dörfer zeichneten sich durch Ordnung, Sauberkeit und gehobenen Baustil aus. Es gab Schulen, Krankenhäuser, Waisenheime etc. 1918 wurde die erste Bibelschule der mennonitisch geprägten Gemeinden auf der Krim eröffnet. Auf Bildung wurde bei den Deutschen großer Wert gelegt. Die sozialen und wirtschaftlichen Strukturen waren vorbildlich, sodass nicht selten die Russen von den Deutschen lernten. Jedoch wurden die Deutschen seit der Oktoberrevolution, Stalins Säuberung und den Vertreibungen und Verschleppungen nach den beiden Weltkriegen in Russland enteignet und benachteiligt. Unter dem kommunistischen Regime wurden die Christen schwer verfolgt.

Inzwischen sind die meisten Deutschen aus Russland wieder zurück in ihrer Heimat Deutschland. Hier wurden sie in den Siebzigerjahren mit offenen Armen empfangen, aber nach dem Zusammenbruch der Sowjetunion kam es zu einer großen Einreisewelle und die Skepsis und Ablehnung der Mehrheitsgesellschaft war oft spürbar. Da die Russlanddeutschen aber eine gemeinsame Geschichte und Vergangenheit haben, halten sie in Deutschland zusammen, helfen sich gegenseitig und wohnen oft in der Nähe bei der Familie, Freunden oder ihrer Kirchengemeinde. Sie sind fleißig, genügsam, oft kinderreich und meistens handwerklich begabt. Sie helfen sich gegenseitig beim Häuserbau und die freikirchlichen Christen haben inzwischen gut tausend Gemeinden gegründet und Hunderte von großen Kirchenbauten errichtet, fast ausschließlich in Eigenleistung und durch freiwillige Spenden. Vom Staat bekommen sie keine Unterstützung. Im Gegenteil: Oft werden fadenscheinige Argumente als Hinderungsgrund für ein Bauvorhaben hervorgebracht. Statistisch ist inzwischen nachgewiesen, dass die Arbeitslosigkeit unter Russlanddeutschen geringer ist als in der Mehrheitsbevölkerung. Inzwischen findet man in allen Bildungsschichten und überall integrierte Russlanddeutsche. Dennoch fallen sie immer noch auf. Sie sprechen oft mit Akzent, leben in einer Art Subkultur mit einer russlanddeutschen Mentalität. Die freikirchlichen Gemeinden schaffen eine Beheimatung durch traditionelle Gottesdienste und soziale Kontakte, die sich auf das Gemeindeleben beschränken. Dennoch ist es zu klischeehaft, wenn man sich Russlanddeutsche nur im Kopftuch, Zopf und langem Rock vorstellt.

Es gibt in der Bewegung der Russlanddeutschen mindestens drei Strömungen.

- *Die Gruppe der Progressiven. Man kleidet sich modern und gibt sich gesellschaftlich adaptiv. Man will nicht mehr auffallen und arbeitet bewusst daran, das Image „russlanddeutsch" loszuwerden. Dennoch sind die ethno-kulturellen Gepflogenheiten bei genauerem Hinschauen nicht zu übersehen.*
- *Die Konservativen pflegen ihre Werte, Überzeugungen und Traditionen ganz bewusst und wollen sich auch unterscheiden; dennoch sind sie offen für die Mehrheitsgesellschaft und zeigen sich integrativ, wenn sie akzeptiert und nicht nur toleriert werden. Die kulturellen Unterschiede sind sichtbar, aber nicht störend.*
- *Eine dritte Gruppe würde ich als exklusivistisch bezeichnen. Diese Gemeinden und Personen leben stärker segregiert und distanzieren sich bewusst aufgrund ihres Gemeinde- und Gesellschaftsverständnisses. Eine aktive Beteiligung am gesellschaftlichen oder gar politischen Leben wird abgelehnt. Jedoch ist die Gruppe weder radikal noch sektiererisch. Sie leben ihren Glauben bewusst exklusiv. Deshalb fallen sie oft durch ihre Kleidung und ihre Traditionspflege auf.*

Russlanddeutsche bringen ein hohes Maß an Solidarität mit. Der Individualismus hat sich in Russland nicht behaupten können. Das verändert sich hier in Deutschland drastisch, aber die Mentalität „alle für einen" und „einer für alle" war eine wichtige Überlebensstrategie und eine deutsche Tugend in Russland. Wenn einer baut, helfen alle mit. Auch die Dienstbereitschaft in der Gemeinde ist weitgehend stark ausgeprägt. Wer dazugehört, macht mit. Das Prinzip des allgemeinen Priestertums bzw. das Ehrenamt wird hochgehalten. Deshalb ist selbst der Pastor oft nur ehrenamtlich aktiv. Die großen Chöre, das Orchester, die Kindergottesdienste, die Jugendarbeit, auch die missionarische Arbeit werden ausschließlich von ehrenamtlichen Mitarbeitern geleitet. *Kinder und Jugendliche werden bewusst in den Dienst mit einbezogen. Auf diese Weise wachsen die Kinder ganz natürlich in die Gemeinde mit hinein. Kinder gehören in den Gottesdienst.* Sie gestalten mit und der Gottesdienst ist teilweise auf sie ausgerichtet.

Russlanddeutsche sind kinderfreundlich. Die Kinderfeindlichkeit unserer Gesellschaft ist für viele Russlanddeutsche ein echtes Problem. Fehlender Wohnraum, fehlende Kinderspielplätze, fehlende Einrichtungen für Kinder sind ein Zeichen und sind symptomatisch. Unsere deutsche Gesellschaft schafft sich durch die fehlenden Kinder gerade selber ab. Familien mit drei bis vier Kindern sind bei Russlanddeutschen noch häufig anzutreffen. In den Gemeinden wird ein gutes Programm für Kinder geboten. Die klassische Kinderstunde ist geprägt von Bibelunterricht und spielerischem Lernen. Freizeiten und Ausflüge ergänzen das Programm. Inzwischen haben viele Gemeinden auch christliche Privatschulen gegründet. Die größte befindet sich in Detmold; gut 3.000 Kinder werden hier unterrichtet. Christliche Werte und Tugenden werden gelehrt und gelebt. Auch der Familienzusammenhalt ist immer noch ein großer Wert. Die gegenseitige Unterstützung über Generationen hinweg hilft bei der Erziehung, aber auch bei der Pflege der Älteren.

Die Haltung zur Bibel hat einen hohen Stellenwert. Der Respekt vor Gott und seinem Wort und seinen Geboten ist hoch. „Man muss Gott mehr gehorchen als den Menschen" beschreibt die Haltung der Russlanddeutschen zur Bibel. Dafür ging man in Russland sogar ins Gefängnis. Die Bibel ist das Buch der Wahrheit und damit die Grundlage für Lehre und Leben. Dennoch ist man sich der eigenen Begrenztheit im Verstehen bewusst und deshalb wird die Bibel gemeinsam in der Bibelstunde ausgelegt und erklärt. *Auch der Gottesdienst ist im Wesentlichen ein Wortgottesdienst, weil Gottes Wort Zentrum des Glaubens ist. In vielen Gemeinden gibt es nicht nur eine, sondern zwei bis drei Predigten im Sonntagmorgengottesdienst. Kinder lernen Bibelverse auswendig und die Veranstaltungen in der Gemeinde werden rege besucht. Die meisten Gemeinden haben mehr Gottesdienstbesucher als Mitglieder.*

Für Russlanddeutsche wird es in Zukunft wichtig sein, ganz bewusst und aktiv auf die anderen Christen zuzugehen, Meinungsunterschiede stehen zu lassen und proaktiv zu werden, ohne dabei ihr eigenes Bekenntnis zu verleugnen. Es ist teilweise der Prägung und der Geschichte geschuldet, dass wir uns oft zurückgehalten oder sogar zurückgezogen haben, weil man den Eindruck hatte, nicht verstanden zu werden. Der Druck der Mehrheitsgesellschaft, sich zu assimilieren, wurde als Ablehnung und Kritik empfunden und der Rückzug war eine nachvollziehbare Reaktion, zumal man sich oft selbst genug war. Die großen Gemeinden mit 1.000 bis 3.000 Mitgliedern haben zum Teil eine Infrastruktur, die die Zusammenarbeit mit anderen überflüssig macht. Die finanziellen Ressourcen und die Manpower machen diese Gemeinden autonom und autark. Deshalb ist auch unter den russlanddeutschen Gemeinden teilweise keine enge Verbindung anzutreffen und man grenzt sich sogar teilweise voneinander ab, weil unterschiedliche Traditionen und Gemeindeprägungen das Miteinander erschweren.

Doch sollten Russlanddeutsche ihren Auftrag in Deutschland erkennen und sich mit einbringen. Von der Mehrheitsgesellschaft und den anderen Kirchen wäre zu wünschen, dass sie Russlanddeutsche mit ihrer Geschichte und Kultur aufnehmen und sie so akzeptieren,

*statt ständig zu erwarten, dass sie sich assimilieren. In einer zuneh-
menden pluralistischen Gesellschaft und Kirchenlandschaft sollte
man den Mehrwert dieser neuen zum Teil andersartigen Freikirchen zu schätzen wissen und ihr Potenzial bewusst mit einbinden,
indem man sie partizipieren lässt. Dafür gibt es bereits gute Beispiele in einigen Organisationen und Einrichtungen, aber hier ist
ein Aufeinanderzugehen in Zukunft vonnöten.*

So weit Heinrich Derksen. Ich wünsche mir, dass dieses treue
Potenzial sich öffnet und zum Segen des Gesamtleibes beiträgt.
Wir können viel voneinander lernen.

Pluralismus, Protest und Potenzial

Ein Gastkommentar von PD Dr. Gisa Bauer[127]

*„Die Evangelikalen" – das klingt so einheitlich und meint doch
so verschiedene Meinungen und Menschen! Im letzten Jahr las ich
Ulrich Parzanys Buch „Was nun, Kirche? Ein großes Schiff in Gefahr", weil ich es für eine Zeitschrift rezensierte, und nun schreibe*

---

127 PD Dr. Gisa Bauer ist 2011 mit ihrer 800-seitigen Habilitationsschrift „Evangelikale Bewegung und evangelische Kirche in der Bundesrepublik Deutschland. Geschichte eines
Grundsatzkonflikts (1945 bis 1989)" bekannt geworden. Ich habe das Werk für die EH
TABOR rezensiert und so haben wir uns kennengelernt. 2012 war sie Professor asociat für
evangelische Kirchengeschichte an der Lucian-Blaga-Universität Sibiu/Hermannstadt (Ru-
mänien). Von 2012–2016 forschte sie als wissenschaftliche Referentin für Ostkirchen am
Konfessionskundlichen Institut des Evangelischen Bundes in Bensheim. Sie hatte Lehrauf-
träge und Lehrstuhlvertretungen in Hamburg, München, Mainz, Bern. Seit 2012 ist sie Pri-
vatdozentin an der Theologischen Fakultät der Universität Leipzig.

ich einen Gastbeitrag für Jürgen Mettes Buch, das ich auch ohne konkreten Anlass lesen würde. Die Unterschiede zwischen beiden Büchern könnten nicht größer sein. Beide Verfasser bezeichnen sich als Evangelikale, aber während der eine, euphemistisch ausgedrückt, in kritisch-mahnender Absicht die „untergehende Kirche" umkreist, versprüht der andere in seiner freundlichen, humorvollen und menschenoffenen Art „Gute Botschaft" im wahrsten Sinne des Wortes. Die Splitter in den Augen seiner Geschwister sind sein Thema nicht. Wie kann es kommen, dass ein und dasselbe Phänomen derartig verschiedene Ausprägungen hat?

Verwunderlich ist das ja letztlich nicht. Spätestens seit der zweiten Hälfte des 20. Jahrhunderts und dem Aufkommen der „neuen sozialen Bewegungen" auch innerhalb der Kirchen ist Pluralismus grundsätzlicher Bestandteil des Christentums in unseren Breiten. Gruppen und Strömungen, die geschlossen und homogen auftreten, sind eher auffällige Ausnahmen.

Bei den Evangelikalen nun lässt sich aber eine eigentümlich ambivalente Haltung erkennen. Von Kirchenmitgliedern, Kirchenleitungen oder Außenbeobachter*innen werden oft nur die um die vermeintlich untergehende Kirche kreisenden Vögel als Evangelikale wahrgenommen. Mit ihnen gibt es viel größere Probleme als mit den Evangelikalen, die fröhlich ihre Botschaft in die Welt tragen. Denn wer den Untergang proklamiert, erteilt sich meist selbst den Freifahrtschein, sich an den Restbeständen im vermeintlichen Untergangsszenario bedienen zu dürfen. Erbarmen mit „der Kirche", deren Teil man ja eigentlich ist – das wäre moralische Schwäche. So kommt es, dass Gemeinden und Pfarrer der Landeskirchen oft unter dem Verdikt „Ihr glaubt nicht wirklich und euer Glaubensleben liegt brach!" rücksichtslos zum Kritikobjekt und die (schwächsten)

Gemeindeglieder zum Missionsobjekt werden. Dieser Kampf, der kein Kampf um Seelen, sondern um Macht ist, lässt bei aller Pluralität in den Landeskirchen an der Basis oft die Adrenalinpegel steigen, wenn es um „die Evangelikalen" geht. Denn trotz aller Sparzwänge, Zukunftsängste, blindwütigem Aktionismus oder mancher Amtsschimmelmentalität auf höherer Ebene, in denen Landeskirchen und ihre Dachverbände gefangen sind – das Landeskirchentum und die Volkskirche in Deutschland sind weit entfernt vom generellen Untergang der Kirche. Dazu tragen (und das soll hier keinesfalls unterschlagen werden!) auch Evangelikale bei, die sich am kirchlichen Leben beteiligen, neben all den anderen Engagierten. Aber das sind jene, die in der Lebendigkeit der Kirche kein drohendes Anzeichen von Untergang sehen und den Kirchentod herbeireden wollen.

Die Evangelikalen sind also untereinander nicht gleich. Aber sie werden von außen weitestgehend einheitlich und geschlossen wahrgenommen. Würden sie nach außen tragen, dass es in ihrer Bewegung auch eine Meinungsvielfalt gibt, widersprüchliche Haltungen, keine Hierarchien, sondern Demokratien und verschiedene Sichten des Glaubens, der Bibel, „der Kirche", „der Welt" und ihrer Probleme – dann würde das die Front gegenüber landeskirchlicher Frömmigkeit deutlich entschärfen. Aber im evangelikalen Lager ist Pluralismus grundsätzlich verdächtig und deshalb gestattet man sich nicht, ihn in den eigenen Reihen wahrzunehmen.

Paradoxerweise wird der Glaubenskampf im evangelikalen Selbstverständnis zwar als Ringen um die Wahrheit Gottes positiv konnotiert und es wird davon ausgegangen, dass es in diesem Ringen zu Spaltungen und Trennungen kommt. Trennungen und Spaltungen gehören zu dem Leben von Christen unter dem Bekenntnis

Jesu Christi nach evangelikaler Meinung dazu. Dass aber genau das zwangsläufig zur Pluralisierung innerhalb der eigenen Bewegung führt, – es sei denn, man schließt den anderen gleich ganz aus – das wird zu wenig reflektiert. Pluralität und pluralisierende Prozesse annehmen zu können heißt für einen Teil der Evangelikalen, in die Relativierung von „Werten" abzugleiten, die sowohl bei der evangelischen Kirche als auch der Gesamtgesellschaft so stark kritisiert wird. Das passt nicht in das eigene Selbstbild, auch wenn es Teil dieses Selbstbildes ist.

Wesentlich unkomplizierter ist es dagegen, die eigene Identität auf Kampf, Kritik und auf das sogenannte „Wächteramt" über die Kirche aufzubauen. In der Tat ist die evangelikale Bewegung in religionssoziologischer Perspektive eine Protestbewegung. Eine Protestbewegung, und sei sie nach eigener Einschätzung noch so christlich, funktioniert nach denselben Kriterien wie alle weltlichen sozialen Bewegungen: Sie kennt nicht wie der Verein eine fest umrissene Mitgliedschaft; sie verändert die Themen, gegen die protestiert wird; sie hat im Hinblick auf die eigenen Anliegen nicht die Gesamtgesellschaft im Blick; sie skandalisiert und inszeniert ihren Protest und ist dabei punktuell fundamentalistisch; sie verändert sich und steht wesentlich schneller in Gefahr zu zerfallen als strukturierte Organisationen und Institutionen. In ihren strukturellen Charakteristika unterscheidet sich die evangelikale Bewegung an keinem Punkt von den „neuen sozialen Bewegungen", die wie gesagt in der zweiten Hälfte des 20. Jahrhunderts aufkamen, z. B. die Grünen, die feministische Bewegung, die Antirassismus-, Antiatomkraft- oder Friedensbewegung. Was alle diese Bewegungen im Gegensatz zu Gruppen und Organisationen zusammenhält, ist die Aktion, der Protest, der Kampf um etwas, gegen etwas. Zugespitzt gesagt kann

Protest gegen Pluralität gesetzt werden, denn der Protest ist der Kitt, der die plurale Bewegung zusammenhält.

Hier schließt sich der Kreis: Es gibt Evangelikale, die versuchen, der evangelikalen Pluralität Rechnung zu tragen, sie nicht zu leugnen und ihrer faktischen Existenz ins Auge zu sehen. Sie sind gewillt damit umzugehen, indem sie gemeinsame Glaubensüberzeugungen, das Evangelium als „Gute Botschaft" oder Evangelisation, die Menschen dort abholt, wo sie stehen, in den Mittelpunkt ihrer Aktivitäten rücken und damit als Zentrum der Bewegung ansehen. Und es gibt die, die den Protest als zentral verbindendes Element der Bewegung leben. Das sind diejenigen, die wesentlich mehr im Fokus der Öffentlichkeit stehen, v. a. deshalb, weil sie sich eine gegenwärtig starke gesellschaftliche Strömung zunutze machen und das Bedürfnis nach Dauerprotest und Skandalisierung in Teilen der Bevölkerung bedienen.

Vor Kurzem fand in der Evangelischen Kirche Mitteldeutschlands eine Veranstaltung zum Thema „Kirche und Rechtspopulismus" statt, zu der ich als Referentin über „Evangelikale und rechte Politik" eingeladen war. In der Diskussion wurde von Teilnehmer*innen des Studientags, größtenteils Pfarrerinnen und Pfarrer sowie Mitarbeiter*innen in verschiedenen Gremien der Landeskirche, unterstrichen, dass sie gerade in der Haltung „gegen" etwas eine große Nähe von Evangelikalen und Rechtspopulisten sehen würden, die möglicherweise verheerender sei als eine direkte Zusammenarbeit in rechten Parteien, denn dieses „gegen" zerstöre so viel und biete nichts Konstruktives.

Evangelikale gehören zu Landes- und Freikirchen und diese wiederum sind in soziologischer Sicht – Subsysteme unserer Gesellschaft. Weniger im Hinblick auf ihre inhaltlichen Themen, sondern durch ihre bloße Existenz ist die evangelikale Bewegung Indikator für die vitalen Kräfte der Kirche, die sich wiederum u. a. in der Ausbalancierung von Pluralismus niederschlagen. Das können sich evangelische Christen auch immer wieder einmal deutlich machen, wenn nicht auf evangelikaler, sondern auf kirchenleitender und medialer Seite vom Niedergang der evangelischen Kirche die Rede ist. Mit Pluralismus aber muss man umzugehen lernen, sonst kommt es zum Verlust des Kontaktes zum eigentlichen Leben, zur Lebendigkeit, die sich aus Vielheit speist und nicht aus einem verknöcherten Autokratismus, der sich hinter einem „Die Bibel sagt uns …" versteckt. Die Bibel sagt aber nicht immer das, was wir in ihr suchen – meistens wird ihr zugeschrieben, was sie sagen soll.

Der erste Schritt zum Umgang mit Pluralismus ist es, seine Existenz anzuerkennen. Das passiert leider nicht oft im evangelikalen Kontext. Diejenigen, die das am meisten ausbremst, sind die Evangelikalen selbst.

9. Einsichten und Aussichten

Der Staat sorgt für das Ganze
Die Polizei für Ordnung
Die Justiz für Gerechtigkeit
Ärzte für Gesundheit
Der Humanismus für das Gute
Kunst für die Ästhetik
Musik für die Stimmung
Predigten für Erbauung
Wissenschaft für die Erklärung
Philosophie für den Überblick
Friedensbewegung für Frieden
Waffenindustrie für Verteidigung
Wutbürger für den Zorn
Entertainer für Spaß
Veganer für das Untergewicht
Feinbäcker für das Übergewicht
Versicherungen für Sicherheit
Kliniken für Heilung
Hebammen für den Anfang
Bestatter für das Ende
und das Gericht für die Strafe.
Wofür ist dann bitte die Kirche zuständig?

Für Gnade und Barmherzigkeit!

Wenn eine Kirche, die sich auf Jesus Christus bezieht, nicht eine Zuflucht der Barmherzigkeit und der Gnade ist und wird, wo Gnade erlebt und gelebt, gewährt und erteilt wird, dann bleibt sie nur eine religiös motivierte gemeinnützig-mildtätige Institution des Friedens, der Gerechtigkeit, der Umwelt, der Bildung, der Nothilfe, des Sozialen und des feingeistig Guten.

Dies alles aber bringen auch Humanisten und Atheisten zuwege. Ohne Gott. Ohne ein heiliges Buch. Ohne Kirche.

Wenn Gnade nicht das Alleinstellungsmerkmal der Kirche ist, dann wird sie mit Kerzen, Orgel und Besinnlichkeit keine Veränderung auslösen. Gnade macht den Unterschied, sola gratia. Das Wort von der Versöhnung. Wer von dieser Gnade überwältigt wurde, der möchte diese Erfahrung teilen. Und dieses Teilen schafft Einheit.

Warum sich die Mühe um Einheit lohnt

Die Mühe um Einheit der Christen untereinander fordert uns mehr als die Verteidigung unseres Glaubens gegenüber der Welt. Das latente Misstrauen zwischen den Allianz-Evangelikalen und den Bekenntnis-Evangelikalen polarisiert und personalisiert sich auf schmerzliche Weise. Es haben sich Parteiungen wie zur Zeit der Urgemeinden entwickelt. Die einen für Kephas, die anderen für Apollos, andere wieder für Paulus. Ich wurde schon gefragt:

„Bruder Mette, stehen Sie hinter Bruder X oder hinter Bruder Y?"
Meine Antwort: „Ich stehe hinter beiden! Weil ich von beiden
viel gelernt habe. Von ihren Stärken, vielmehr noch von ihren
Schwächen."

Wenn wir nur durch die Gnade und Liebe Gottes das sind, was
wir sind, wie schaffen wir es immer wieder, uns gegenseitig die
Liebe und die Gnade zu verweigern? Martin Luther hat nach einem gnädigen Gott gefragt. Wir wünschen uns wenigstens gnä-
dige Glaubensgeschwister. Gnade ist das Heilmittel für eine zerstrittene Christenheit. Ich höre schon die warnenden Stimmen:
Keine Einheit zulasten der Wahrheit! Doch wenn Jesus wirklich
Weg, Wahrheit und Leben ist, dann müsste bei aller Unterschiedlichkeit in zweitrangigen Fragen eine Begegnung in der Mitte, bei
Jesus, möglich sein. Ich will den anderen so sehen, wie Jesus ihn
sieht. Wer sich in der Mitte bei Jesus einig ist, kann an den Rän-
dern tolerant sein, d. h. andere Einsichten und Prägungen ertragen.

Ich will mir immer wieder bewusst machen, dass ich von meinen schärfsten Kritikern sehr viel lernen kann. In all den Jahren
meiner Mühe um das Bauen von Brücken zwischen den Lagern
habe ich mich an dem orientiert, was Paulus der Gemeinde in
Philippi geschrieben hat:

V. 2,1: ... *gibt es nun irgendwelche Ermahnungen in Christus,*
gibt es Zuspruch der Liebe, gibt es Gemeinschaft des Geistes, gibt es
Herzlichkeit und Erbarmen ...

Ich will mich der Ermahnung der Schwestern und Brüder stellen. Es fällt mir so schwer, Kritik anzunehmen. Meine verletzte Eitelkeit will es nicht zulassen, aber ohne Ermahnung werde
ich zum Risiko der Einheit des Leibes Christi. Und wenn dies in

wertschätzender Liebe geschieht, dann tut es mir gut. Zuspruch der Liebe. Der persönliche Zuspruch der Liebe wirkt Wunder. Ich darf Menschen, die mir nicht liegen, die Liebe Gottes zusprechen. Der persönliche Zuspruch der Liebe bricht die Fronten auf, löst die Blockaden. Dieser Zuspruch schafft Gemeinschaft des Geistes. Gemeinschaft des Geistes ist das heilende Klima, in dem die härtesten Typen weich werden. Herzlichkeit und Erbarmen schaffen einen Raum des Vertrauens und der Geborgenheit. Ich muss mich nicht mehr verteidigen, ich darf Sünder sein. Wo sich Herzlichkeit und Erbarmen Raum schaffen, kann ich mich getrost abrüsten, die Waffen ablegen. Das ist der Boden, auf dem Einheit gedeihen kann.

V. 2: ... so macht meine Freude völlig, indem ihr eines Sinnes seid, gleiche Liebe habt, einmütig auf eins bedacht seid.

Das ist es, was dem Apostel Freude bereitet. Eines Sinnes sein, auch bei theologischer Differenz. Von der gleichen Liebe getrieben sein, auch wenn wir uns nicht sympathisch sind. Einmütig auf das eine bedacht sein. Das ist der Weg zur Verständigung, der Weg der Versöhnung. Wer auf eins bedacht ist, kann vor dem anderen kapitulieren und die Waffen strecken.

Ich erinnere mich an einen geistlichen Leiter, der viele Jahre immer wieder in Zeitschriftenartikeln einen Glaubensbruder kritisiert hat. Als ich wieder einmal Zeuge einer solchen gehässigen Attacke wurde, fragte ich ihn, ob er sich nicht einmal mit seinem Lieblingsfeind persönlich treffen könnte, um mit ihm zu reden statt übereinander zu schreiben.

Ich habe mir das zu einem Gebetsanliegen gemacht – und siehe da, eines Tages finde ich die beiden am Rande einer Konferenz im persönlichen Gespräch. Mir kamen vor Freude die Tränen.

Nicht auszudenken, welche Folgen es haben würde, wenn diese Erfahrung um sich greifen würde. Miteinander reden, statt übereinander zu schreiben. Sie sind bis heute im Gespräch, obwohl sie wahrscheinlich immer noch theologische Differenzen pflegen.

V. 3: Tut nichts aus Parteigeist oder eitler Ruhmsucht, sondern durch Demut achte einer den anderen höher als sich selbst ...

Den Parteigeist zu überwinden heißt dem Lagerdenken abzusagen. Ich werde die Schubladen nicht mehr bedienen. Die ersten Christen wurden als solche bezeichnet, die miteinander des Weges waren. Das reicht. Stallgeruch ist zweitrangig, das große Ganze zählt. Da haben wir noch einiges an Eitelkeit zu überwinden. Dabei bleiben wir selbstverständlich Lutheraner, Baptisten und Charismatiker, aber diese Klassifizierung hat ihre trennende Macht verloren. Wie viel Streit wäre vermieden worden, wie viele persönliche Beschädigungen und Verletzungen, wenn wir dieses Geheimnis begreifen würden: Einer achte den anderen höher als sich selbst. Ich bin nicht maßgebend. Den anderen höher als sich selbst achten, das ist das Heilmittel für eine zerstrittene Kirche, das Medikament zur Heilung des so verletzten Leibes Christi. Das ist das Vorzeichen der Gnade vor jeder unlösbaren theologischen Differenz: Der andere könnte recht haben.

V. 5: ... denn ihr sollt so gesinnt sein, wie Jesus Christus auch war ...

Damit ist alles gesagt. Lasst uns damit anfangen, jetzt, hier, heute. Und lasst uns aufstehen und die Runde verlassen, wenn einer gegen dieses Ethos verstößt. So werden die kontaminierten Gefäße unserer Kommunikation gereinigt. So kann Einheit in Christus gedeihen. Ich will nie aufhören, daran zu glauben, darauf zu hoffen, dafür zu kämpfen.

Die existenziellen Themen unserer Zeit vom Evangelium her deuten

- **Warum** haben wir die Bewahrung der Schöpfung den Grünen und Greenpeace überlassen?

Weil wir lange einer fatalen Zerfallstheorie gefolgt sind, dass die wunderbare Schöpfung wie ein fauler Apfel am Baum hängt und seinem Gericht entgegenreift. Und dass wir, ohne uns die Hände schmutzig zu machen, in einem „Shuttle der Seligen" dem Strafgericht entgehen und ins himmlische Paradies entrückt werden. Eine komfortable Idee.

Die evangelikale Bewegung verehrt den Schöpfer, aber die Verantwortung für die Schöpfung hält sich in den Grenzen rechtschaffener Bürgerlichkeit. „Photovoltaik gern, wenn sich's rechnet." „Glyphosat[128] – alles halb so schlimm." Christliche Ökos und Pazifisten laufen in manchen frommen Kreisen unter „falsche Propheten". Die DEA hat mit dem Dokument „Suchet der Stadt Bestes" und der Micha-Initiative ein neues Bewusstsein für unseren Umgang mit den Ressourcen gestiftet. Spät, aber nicht zu spät. Eigentlich hätten die Kreationisten die Avantgarde eines biblisch begründeten Umweltbewusstseins initiieren müssen, denn Umweltschutz ist praktizierter Schöpfungsglaube. Das wäre mal ein öffentliches Zeugnis, das unsere Zeitgenossen wahrnehmen würden. Was bewirkt der Glaube an den Schöpfergott für die Schöpfung? Wenn ich mich in frommen Kreisen umhöre, kommt bestenfalls der Hinweis auf Endzeit und Endgericht. Eine fatale Tendenz, die uns aus dem öffentlichen Diskurs katapultiert.

---

128 Krebserregendes Herbizid von Monsanto, jetzt zum deutschen Bayer-Konzern gehörig, der 290 Millionen US-Dollar an einen schwer erkrankten Krebspatient zahlen muss.

So werden wir nie gesellschaftsrelevant. Das Evangelium greift hier und jetzt schon heilsam in unsere Gesellschaft ein, politisch, der Öffentlichkeit entsprechend widersprechend. Da geht es um das Licht der Welt, nicht um meinen Schattenplatz in der jenseitigen Welt.

- **Warum** scheuen konservative Christen den Dialog mit der Welt und ihren Religionen? Warum entwickeln sich unter Christen immer neue Zerfallstheorien und eine seltsame Fixierung auf die Zeichen der Zeit, wo wir doch (eigentlich) von allen Zukunftssorgen erlöst sind?

Weil Rückzug immer bequemer ist und weil wir in der Defensive unsere Haut schonen, statt sie offensiv zu Markte zu tragen. Ich und mein Seelenheil, das ist genug. Warum sind wir Evangelikalen nicht die Motoren des interreligiösen Dialogs? Immerhin haben wir im DEA-Hauptvorstand eine Verlautbarung zum Thema „Christliches Zeugnis in einer multireligiösen Welt" herausgegeben.

Es ist nicht zu spät für eine Bekehrung zum Wesentlichen. Wollen wir die gesellschaftlich brennenden Themen im Licht der Bibel deuten, bevor sie von linken oder rechten antichristlichen Ideologen besetzt werden?

- Umgang mit der Schöpfung
- Religiös motivierter Terrorismus
- Dialog mit dem Islam
- Umgang mit dem neuen aggressiven Atheismus
- Verlust der Privatsphäre in den sozialen Medien
- Armut der dritten Welt, Flüchtlingsströme

- Altersversorgung der nächsten Generation
- Pflegenotstand
- Anspruchshaltung an Vater Staat

Das sind die Themen, die geistlich-theologisch und evangelistisch-diakonisch aufzugreifen und zu durchdringen sind. Raus aus der privaten Genügsamkeit der eigenen Gottseligkeit! Unser Glaube wird aus Liebe in unserer Gesellschaft tätig oder wir reden lieber nicht davon. Wir kennen die Wurzel des Übels: unser eigenes Herz, nicht die falschen Strukturen. Wir haben kein strukturelles Problem, wir haben ein persönliches Problem. Der reichliche Umgang mit Gottes Wort erbaut uns, macht uns selig, aber wir bauen keine alternative Gesellschaft. Weil, so hat man uns gelehrt, der HERR bald wiederkommt und dann ohnehin alles den Bach runtergeht. So werden fromme Leute heute auch wahrgenommen, als gut situiertes und religiös veranlagtes Bürgertum, das kein wirkliches Interesse an den Nöten unserer Zeit hat. Der ständige Verweis auf die Endzeit („Wundert euch nicht, das muss so geschehen!") und unsere Erlösung aus der diesseitigen in die jenseitige Welt erzeugt eine Lethargie, die das Elend um uns herum gar nicht mehr wahrnimmt. Dass das Evangelium bereits hier und jetzt aus der Hölle des Lebens ein Stück Himmel macht, das ist längst nicht evangelikaler Konsens.

Ein aktuelles Beispiel: Der amerikanische Bischof Curry hatte dem königlichen Prinzenpaar Harry und Meghan eine weltweit beachtete flammende Traupredigt gehalten. Und dann las ich in der evangelikalen Presse diesen Satz: „Bischof Curry liegt theologisch falsch, wenn er sagt, wo die Liebe Länder und Regierungen leite, entstehe schon jetzt ein neuer Himmel und eine neue

Erde. Das ist Schwärmerei. Wir Menschen können das ewige Friedensreich Gottes nicht selbst errichten. Alle Versuche, das zu tun, endeten in der Katastrophe."[129] Das ist richtig und falsch zugleich. Ich kenne niemanden, der das eschatologisch verheißene Friedensreich jetzt und heute und hier errichten will, aber wenn unser Glaube keine politischen und gesellschaftlichen Folgen hat, dann können wir einpacken. Dann haben wir nichts zu bieten. Dann bleibt unser Glaube ein Privatvergnügen. Wir lassen den von der Gier der Menschen geplünderten Planeten Erde, wie er ist, und warten auf unsere Heimholung ins jenseitige Vaterhaus, während die anderen jämmerlich absaufen. Was für eine ärmliche Karikatur eines ursprünglich großen Entwurfs namens „Reich Gottes". Von Alfred Loisy stammt der Satz: „Jesus hat das Reich Gottes verkündigt und gekommen ist die Kirche." Ich setze noch eins drauf: Wir sollten Salz und Licht der Welt sein, aber wir machen einen auf Zucker und beklagen die Finsternis.

Die europäische Tradition der Freiheit, der Gleichheit aller Menschen vor Gott und der Solidarität sind Früchte des christlichen Glaubens. Europa kann nur auf dem Boden biblischer Ethik gelingen. Darum begreifen wir unser Zeugnis von Christus als eine hochpolitische Angelegenheit.

Exkurs: Kreuzweise Kreuze verordnet

Aus aktuellem Anlass hier der Hinweis auf die bayrische Kreuzdebatte. Da zeigten sich die Evangelikalen politisch.

Wir sind in letzter Zeit Zeugen einer klammheimlichen Umdeutung des Kreuzes geworden. Die CSU verordnet das Kreuz als

---

129 Idea-Spektrum vom 21.05.2018.

„identitäres" Symbol für christliche Heimat und gutbürgerliche Kultur.

Nach dem ersten stürmischen Beifall reift unter uns die Einsicht, dass das Kreuz eben nicht für Humanität und Toleranz, nicht für Menschlichkeit und Soziales steht. Das Kreuz bedient überhaupt keine Parteiprogramme. Zu viel Elend wurde seit der konstantinischen Wende im Namen des Kreuzes angerichtet. Wann immer in der Geschichte Kreuz und Krone/Altar und Thron ein Zweckbündnis eingegangen sind, hat die Kirche ihre Berufung gefährdet. Darum haben unsere Mütter und Väter des Glaubens nach dem Elend der durch die deutschen Christen gedeckten und flankierten Naziherrschaft im dritten Absatz der Barmer theologischen Erklärung formuliert: „Wir verwerfen die falsche Lehre, als dürfe die Kirche die Gestalt ihrer Botschaft und ihrer Ordnung ihrem Belieben oder dem Wechsel der jeweils herrschenden weltanschaulichen und politischen Überzeugungen überlassen."

Das Kreuz ist ein tragisches Symbol: Einer starb, damit wir leben. Ein Marterpfahl und Todesgalgen, an dem der Sünderheiland brutal hingerichtet wurde. Paulus von Tarsus nannte es ein Skandalon. Jesus sucht Zeugen und Bekenner seiner Auferstehung, keine Kreuzkämpfer. Das parteipolitisch inszenierte Einfordern einer Kreuzpflicht ist so ziemlich das Gegenteil dessen, was Jesus wollte.

Ein Kreuz ist schnell an die Wand gedübelt. Dass Menschen dem Gekreuzigten folgen, benötigt Zeit, Vertrauen und Vorbilder, keine Verordnungen. Jesus Christus kommt in dieser Symboldebatte so gut wie nicht vor. Ohne den Gekreuzigten ist das Kreuz gegenstandslos, herzlos und damit sinnlos. Unser Heil

Lobsinget dem Herrn; denn Großes hat er getan, kund sei das in aller Welt! *Jesaja 12,5*

Petrus und Johannes sprachen: Wir können's ja nicht lassen, von dem zu reden, was wir gesehen und gehört haben.

Apostelgeschichte 4,20

hängt nicht an einem Symbol, es hängt am auferstandenen Christus, der zur Rechten Gottes sitzt.

Kreuz-Pflicht? Das Unwort des Jahres! „Knapper kann man sich fundamental widersprechende Dinge kaum in einem Wort unterbekommen."[130]

Warum die Kirche vielleicht ihre beste Zeit noch vor sich hat

Wie soll die Gemeinde der Zukunft aussehen? Evangeliumsgemäß sollten die christlichen Gemeinden der Zukunft sein. Ob die Kirchen und Gemeinden dann noch evangelikal sein werden oder müssen, wird einerseits daran liegen, wie man künftig „evangelikal" definiert, und andererseits, ob der kirchliche und freikirchliche Pietismus sprachfähiger wird und überzeugter aus der Kraft des Evangeliums lebt.

Sollten sich diverse Prognosen bestätigen, werden die verfassten Denominationen immer weniger das geistliche Leben der Ortsgemeinden prägen und neue Visionen entwerfen können. So sprach Jürgen Moltmann davon, dass sich die Zukunft der Kirchen eher im freikirchlichen Setting entwickeln wird. Das fällt mir schwer zu glauben, denn die Freikirchen gehen ja oft den gleichen Weg wie die landeskirchlichen Gemeinden. Vom erwecklichen Aufbruch der Evangelisation zur Versorgungsgemeinschaft, vom

---

130 So Christoph Lenzen, Pastor der FeG Gera, in einem FB-Kommentar zu meiner Kolumne im pro-Medienmagazin.

bürgerlichen Kaffeekränzchen zur Harmlosigkeit und schließlich zur Erstarrung. Der einzige Unterschied besteht darin, dass erstarrte landeskirchliche Gemeinden an der Infusion der Kirchensteuer hängen und damit trotzdem formal am Leben bleiben und ihr Angebot vor Ort aufrechterhalten können. Gemeinschaften und freie Gemeinden müssten bei anhaltender Erstarrung dichtmachen; sie lösen sich irgendwann biologisch auf.

Aber die in ihren Reihen zuweilen bekämpften, halbherzig geduldeten, in einigen Fällen aber auch liebevoll geförderten Erneuerungsbewegungen werden es sein, die ihren geistlichen Einfluss außerhalb kirchlicher Hierarchien und Instanzen entwickeln und der Kirche Jesu in ihrer Gesamtheit dienen werden. Anders wäre der Pietismus nicht zu seiner gestaltenden Kraft innerhalb der Landeskirchen gekommen. Die Gemeinschaftsbewegung wäre nie zur Entfaltung gekommen, hätte sie auf kirchliche Anerkennung und formale Integration gewartet. Anders wären auch die Evangelisationskampagne ProChrist und der geistliche Belebungseffekt der Willow-Creek-Kongresse nicht in Bewegung gekommen. Die Leidenschaft für Evangelisation und Gemeindewachstum wäre auf dem Marsch durch die Institutionen und Hierarchien verhungert. Engagierte und innovative Mitarbeiterinnen und Mitarbeiter haben sich an der Basis der Ortsgemeinden mit missionarischen Ideen eingemischt und eben nicht das Ende der Volkskirche herbeigeredet, sondern ihr in treuer Kleinarbeit der Fürbitte und durch ihr Zeugnis zu neuem Leben verholfen. Das wurde seitens der Kirchenleitungen leider oft erst wahrgenommen, weil der freikirchliche Flügel des Pietismus inzwischen anziehende Alternativen missionarischen Gemeindeaufbaus und Gemeindegründungen neben den volkskirchlichen Strukturen geschaffen hat. Diese lebhafte Konkurrenz ist nicht ohne Folgen geblieben. Nicht selten waren es treue, aber im Laufe der Zeit enttäuschte Landeskirchler, die in den neuen freikirchlichen Gemeinden geistliche Heimat und Raum zur engagierten Mitarbeit gefunden haben.

Nicht selten wurden kirchenleitende Gremien erst dann wach und verhandlungsbereit, als pietistische Gemeinschaften mehr als nur der etwas frömmere Appendix der örtlichen Kirchengemeinde sein wollten und sich aus missionarischer Motivation zu Personalgemeinden entwickelt haben. Ohne die normative Kraft des Faktischen solcher Gemeindeentwicklungen wäre die Gnadauer Gemeinschaftsbewegung an vielen Orten schon längst nicht mehr präsent.

Wer allerdings kein Leben mehr in diesem alten Organismus Volkskirche erkennen kann, wird auch kaum etwas zu ihrer Erweckung und Gesundung beitragen können. Die Kirche der Zukunft wird eine Kirche sein, an der man sich an den Früchten eines bunten Gemeindegartens freut und nicht nur über das Fallobst nörgelt.

In zwanzig Jahren könnte sich bereits zeigen, ob die evangelikale Bewegung eine Randnotiz der neueren Kirchengeschichte bleibt oder ob sie einig, reformfreudig und erweckungsreif die Segensgeschichte des Pietismus fortschreiben kann. Denn wenn wir heute das tun, was die Väter und Mütter der Erweckungsbewegungen und des Pietismus getan haben, dann tun wir eben nicht das, was sie damals getan haben. Wir haben das geistliche Erbe der Erweckung unter neuen gesellschaftlichen Bedingungen weiterzuentwickeln.

Sind wir dazu bereit?

Wir brauchen weise Moderatoren, Vermittler und Ermutiger zur Aufweichung der verhärteten Fronten. Daran wird die Welt erkennen, dass wir eins in Christus sind! Ich will nicht aufhören, für diesen Prozess der Verständigung zu werben und Menschen zusammenzuführen, die mit mir in Christus verbunden sind.

Und so könnte die Gemeinde Jesu in zwanzig Jahren aussehen, wenn sie engagiert und leidenschaftlich eine Kirche für Gott und die Menschen sein möchte:

- Die Kirche der Zukunft wird die Grenzen der Denominationen überwinden. Institutioneller Stallgeruch wird immer zweitrangiger. Wir werden uns auch von einer voreilig und lieblos getroffenen Einteilung in „gläubig" und „ungläubig" verabschiedet haben. Diese Schublade taugt nicht mehr, genauso wenig wie „liberal" oder „konservativ", um das zu markieren, was uns trennt. Wir werden überhaupt mehr davon reden, was uns in Christus eint.

- Wir werden von der Gottesfurcht und dem Bewusstsein für die Heiligkeit Gottes katholischer und orthodoxer[131] Glaubensgeschwister lernen, obwohl uns zentrale Fragen in Amt und Lehre immer noch trennen. Römisch-katholische Gemeinden werden mit lutherischen Gemeinden und Freikirchen gemeinsam evangelisieren, weil sie Menschen in die Nachfolge und den Dienst Jesu rufen wollen.

- Wir werden erleben, dass die Tauffrage nicht mehr trennend zwischen uns stehen wird. In Landeskirchen werden neben Kindern künftig auch zunehmend „Mündige" getauft

---

131 Es gibt mehr Orthodoxe als Evangelikale.

werden und die Baptisten werden Mitglieder aufnehmen, die bereits als Kinder getauft wurden und eine weitere Taufhandlung nicht mehr als zwingende Voraussetzung für Kirchenmitgliedschaft betrachten. In der Gemeinschaftsbewegung, und nicht nur da, werden jetzt schon beide Taufformen friedlich nebeneinander praktiziert.

- Charismatische Gemeinden werden die alten Choräle wiederentdecken und Kirchengemeinden werden ihre Kantoren und Organisten zu Lobpreisseminaren schicken.
- Und weil der Staat immer weniger für die Randgruppen und Armen tun kann, werden wir gemeinsam mit allen Kirchen diakonische Konzepte entwickeln, die von der Mission Jesu durchdrungen sind und nicht am finanziellen Mangel scheitern werden.
- Landeskirchen werden ihre Beziehung zu den Gemeinschaftsgemeinden ganz neu definieren, weil das Misstrauen der Pietisten und das Machtgebaren der Kleriker überwunden wurden.
- Charismatisch geprägte Pastoren werden in den Landeskirchen von der Kraft des Heiligen Geistes predigen und lutherische Pfarrer werden von Pfingstgemeinden eingeladen, über die vierfachen Soli der Reformation zu referieren.
- Männer und Frauen (!) aus den Brüdergemeinden werden den verfassten Kirchen zeigen, wie Gemeinden allein mit ehrenamtlichen Mitarbeitern wachsen können.

Lasst uns gemeinsam auf eine Entdeckungsreise der universalen Gemeinde Jesu gehen und beginnen, voneinander zu lernen, aber auch geschwisterlich miteinander um den besten Weg zu streiten.

Die theologische Ausbildung wurde allein schon durch die europäischen Prozesse[132] im Bildungswesen ganz neu aufgestellt. Das Theologiestudium für den pastoralen Dienst sollte in maximal vier Jahren absolviert sein. Wissenschaftlich ausgerichtete Studiengänge stehen unter staatlicher Aufsicht, praxisorientierte Studiengänge sollten von den Trägern der Seminare und Hochschulen, also den Verbänden und Freikirchen, stärker geprägt und verantwortet werden. Die sendenden Gemeinden stehen auch finanziell für den Pastorennachwuchs ein, wenn die staatlichen Ausbildungsförderungen zurückgefahren werden. Auf dem bunten Markt theologischer Ausbildungsstätten wird es noch manche Fusion und Konzentration geben, ebenso bei den christlichen Verlagen und Missionswerken. Das ist oft schmerzhaft, vermutlich aber notwendig.

Die künstlerisch begabten jungen Leute von heute werden in zehn Jahren als Musikpastoren, als Regisseure, Produzenten, Schauspieler, Techniker und Onlineredakteure das Gemeindeleben und die Evangelisation selbstverständlich mitgestalten.

Wenn Paulus nach der Abfassung des zweiten Briefs an die Gemeinde in Korinth gefragt worden wäre, wie er sich seine Gemeinden in zwanzig Jahren vorstellen würde, dann wäre er sicher zu einem illusionslosen und nüchternen Urteil gekommen. Die Gemeinde an der sündigsten Meile des damaligen Mittelmeerraums war begeisterungsfähig, hochgradig spirituell und erwartungsvoll, charismatisch im besten Sinne des Wortes, dicht dran am Puls der Zeit und gar nicht weltfremd. Paulus begrüßt diese biblische Mustergemeinde im ersten Brief etwa so:

---

132 Studienreform Bologna-Prozess.

„Wenn ich an euch in Korinth denke, dann bin ich dankbar, dass Gott über euch Gnade walten lässt und ihr durch Jesus Christus so reich beschenkt seid mit Lehre und Erkenntnis. Ihr seid eine stabile und solide fundierte Gemeinde geworden und mit allen Charismen ausgestattet, die für den Aufbau der Gemeinde nötig sind. Ihr lebt in der festen Erwartung des wiederkommenden Herrn und werdet zuletzt unverklagbar vor eurem Herrn stehen. Gott ist treu, der euch zur Gemeinschaft mit Jesus Christus berufen hat!"

So wünsche auch ich mir persönlich Gemeinden, die künftig die Kirche Jesu beleben und gestalten. Der gleichen Gemeinde muss Paulus aber einige Abschnitte weiter peinliche Verfehlungen und moralische Verirrungen vorhalten und sie unter Tränen ermahnen. Und auch solche Gemeinden werden mitwirken am Aufbruch der Kirche. Sie werden ihre Qualität nicht in der Sündlosigkeit bestätigt sehen, sondern in ihrer Korrektur- und Bußfertigkeit.

Geistlichen Aufbrüchen gingen immer wieder tief gehende Reinigungsprozesse voraus. Ich will bereit sein, dass Gott bei mir anfangen kann. Und ich will nicht aufhören zu glauben, dass Gott die evangelikale Bewegung, in der auch ich geprägt wurde, zu einem starken Werkzeug der Re-Evangelisierung Europas machen kann. Ich möchte mich jetzt schon mit Schwestern und Brüdern in Christus verstehen, mit denen ich einmal die Ewigkeit verbringen werde.

Allein gehen wir ein. Die unterschiedlichsten theologischen Prägungen lassen Gemeindebünde als ergänzungsbedürftiges Fragment erscheinen, die durch „Allianz" mit anderen Kirchenbünden theologische Korrektur erfahren und somit zur fruchtbaren Multiplikation des Evangeliums im Konzert aller Jesus-Leute beitragen können.

Ich lade die Brüdergemeinden unterschiedlichster Prägung zwischen „offen" und „geschlossen" zur Partizipation am Dienst der gesamten Kirche Jesu ein, zur Mitwirkung in den Ortsallianzen oder den Arbeitskreisen christlicher Kirchen. Sucht die Jesus-Leute in eurer Nachbarschaft, öffnet eure Versammlungsräume, überwindet den exklusiven Anspruch eurer Gemeinde, die Gemeinschaft der Heiligen ist inklusiv. Weist keinen ab, der am Mahl des HERRN teilnehmen möchte. Wer seid ihr, dass ihr darüber befinden wollt?

Vom Geheimnis der zweiten Meile[133]

Ich bin fest davon überzeugt, dass wir nur dann nachhaltig etwas unter uns verändern, wenn wir ein wenig mehr liefern, als man von uns erwartet. Durch vorsichtiges politisches und verdecktes Operieren wird nichts erreicht, außer Misstrauen. Typen wie Ron Sider oder Shane Claiborne zeigen uns heute, wie das gehen kann. Hier nur drei Beispiele:

Fast ein wenig unanständig (Markus 14,3-9)

Ich denke an die Frau, über deren Namen sich die biblische Geschichtsschreibung noch nicht mal richtig sicher ist. Drei historisch sehr verlässliche Quellen berichten von einer kleinen Sequenz der Weltgeschichte, einem ungemein emotionalen Ereignis,

---

133 Mt. 5,41.

fast ein wenig unanständig, das haarscharf am guten Geschmack vorbeigeht. Eine umstrittene Geschichte, weil die Hauptdarstellerin eine ungewöhnliche Frau ist und weil es um Emotionen geht, um Herz und Leidenschaft, nicht um theologische Korrektheit, nicht um den Buchstaben, sondern um pure und verschwenderische Liebe. Aber kein anderer als Jesus sagt nach der Begegnung mit dieser Frau: „Lasst sie in Ruhe. Von ihr wird man noch reden, wenn alles andere in Vergessenheit geraten ist." Eine Frau von ungezählten und unbekannten Persönlichkeiten, die die Welt verändert haben, nicht durch Politik, nicht durch eine Entdeckung, sondern durch einen gewagten Akt der Liebe.

Auf einmal erscheint eine Frau in der Männerrunde. Unter den Falten ihres Gewandes verbirgt sie eine Parfumflasche. Ein Flakon aus Alabaster, das war ein durchsichtiges, porzellanartiges Material. Ein hochwertiges Gefäß für einen noch hochwertigeren Inhalt. Diese Flakons wurden nach der Befüllung mit teuren Kosmetika luftdicht verschlossen, sodass die edlen Essenzen aufs Beste konserviert waren. Mitten durch die Gasse von Feindschaft und Bewunderung steuert die Frau auf Jesus zu. Vielleicht hat sie monatelang auf diese Begegnung gewartet.

Die Frau bringt ihr Bestes! Sie bringt nichts aus dem Sonderangebot eines Billigmarktes, sondern das, was sie sich für besondere Stunden aufbewahrt hat. Nicht irgendetwas Praktisches, Nutzbringendes. Kein Werkzeug-Set, keine Kamelhaar-Goretex-Allwetterjacke und keine Konkordanz zum Talmud.

Die Frau gibt ein wenig mehr, sie geht über das Normalmaß netter Unverbindlichkeit hinaus und wird damit zu einer Frau, die die Welt verändert und über die wir heute noch reden.

Sie schenkt etwas Feminines, Intimes: Parfum. Narde. Ein erlesenes Wurzelöl, das über lange Karawanenwege aus der Himalaya-Region nach Israel gelangt war. Die Spitze der Kostbarkeit. Preis: Der Jahreslohn eines Pflastermeisters vom Tiefbauamt in Jerusalem. Wenn es ums Geld geht, dann sind sich die drei Evangelisten einig. Markus erwähnt extra den Preis, Johannes und Matthäus auch: 300 Denare. Ein Jahreslohn. Ein Vermögen.

Sie beugt sich über den zu Tische liegenden Jesus, bricht den Hals des Flakons auf und gießt den duftenden Inhalt über seinen Kopf und massiert das betörend riechende Öl in sein Haupthaar und auf die Stirn. Das war eine Zumutung an Nähe und Intimität. Es war zumindest ein sehr gewagter Auftritt. Und doch ergibt sich Jesus dieser Flut von reiner, naturbelassener Liebe. Nichts ist anrüchig, nichts riecht nach plumper Anmache. Jesus wehrt sich nicht, er flüchtet nicht. Er badet in der Zuneigung dieser Frau. Er genießt die Nähe und die Pflege, die therapeutische Wirkung dieser Salbung, während die Jünger mit den Sandalen scharren. Und während sie scharren und stänkern, erteilt ihnen die Frau wortlos eine Lektion: Das ist Liebe!

Ausgerechnet eine Frau salbt Jesus. Und das ist nicht eine Episode, eine Randnotiz des Evangeliums. Hier ist theologische Mitte der Geschichte, ein heilsgeschichtlicher Akzent des Passionsgeschehens:

Die Frau salbt Jesus zum König, obwohl er schon auf dem Weg zum Galgen ist. Keiner hat den Messias, den Gesalbten Gottes, gesalbt. Die Frau tut es. Nicht als inszenierten und dem höfischen Protokoll entsprechenden Akt, sondern einfach nur aus Liebe.

Und sie salbt ihn zum Begräbnis, obwohl er noch lebt. Sie nimmt prophetisch die Totensalbung vorweg. Nicht die Glaubenshelden

Marke Petrus haben dies vollbracht, sondern eine Frau, die sich das Recht genommen hat, rücksichtslos zu lieben.

So ist Jesus! Er ahnt, in welche Bedrängnis diese Frau geraten wird, wenn die rechtschaffenen Brüder über sie herfallen werden. Er deutet den leidenschaftlich gewagten Auftritt dieser Frau theologisch: „Liebe Assistenten, merkt ihr denn gar nicht, dass mich diese Frau gerade zum Begräbnis gesalbt hat?" Genial, wie Jesus diese Frau aus dem Sperrfeuer der Wahrheitswächter zieht. Natürlich hat diese Frau nicht Jesus symbolisch zum Begräbnis gesalbt. Das hätten wir Männer gern. „Das war ein allegorischer Auftritt, ist doch klar. Die wollte ja Jesus keine Liebe erweisen! Die wollte ein symbolisches Ritual an ihm vollziehen." So mögen die Jünger gedacht haben. Jesus deutet die Liebe dieser Frau theologisch, um sie zu schützen. Da musste den Jüngern jedes Argument im Halse stecken bleiben.

Wir sollten unvernünftig und maßlos in der Verehrung Jesu sein.

Ihm gehören unsere Zeit, unsere Ideen, unsere Kraft, unsere Träume! Das Beste ist gerade gut genug. Und wir müssen ein paar Schritte weitergehen, etwas riskieren, eine berechenbare gutbürgerliche Frömmigkeit hinter uns lassen und einfach Gottes Verheißungen ernst nehmen.

Zu weit gegangen

Elisabeth von Thüringen (1207–1231), die ungarische Königstochter, wurde bereits als Kleinkind dem ältesten Sohn des Landgrafen Hermann von Thüringen versprochen. Das Elternhaus ihrer Mutter Gertrud Andechs-Meran gehörte zu den bekanntesten und mächtigsten Adelsfamilien Europas.

Als vierjähriges Kind wurde sie nach Thüringen gebracht und wuchs in herrschaftlichen Verhältnissen auf. Landgraf Ludwig war 17 Jahre alt, als er die vierzehnjährige Elisabeth heiratete. Doch Elisabeth fand keinen Gefallen am höfischen Protz und Prunk. Sie zog es zu den Armen und Kranken. Ihr Mann Ludwig brach 1227 zum fünften Kreuzzug nach Palästina auf und verstarb unterwegs. Bald darauf zog Elisabeth mit ihren Kindern nach Marburg und baute dort das erste christlich motivierte Spital auf. In völliger Hingabe an die Schwerkranken hatte sie nur drei Jahre zur Erfüllung ihrer Mission, bis sie als Vierundzwanzigjährige 1231 vermutlich an den Folgen der Pflege ihrer hochinfektiösen Patienten starb.

Elisabeth ging „zu weit". Sie ignorierte alle Regeln des höfischen Protokolls, um in radikaler Armut den Ärmsten hautnah zu dienen. Ein unvernünftig liebevolles Lebenszeugnis. Sie soll einmal gesagt haben: „Wie kann ich eine goldene Krone tragen, wo doch der HERR Jesus eine Dornenkrone trug?"

Kurz und tief war ihr Leben, aber wir Marburger haben sie in der Elisabethkirche ständig vor Augen. Wann immer ich die beiden Türme des wunderschönen Bauwerks entdecke, geht mir Folgendes durch den Kopf: *Wenn du etwas Bleibendes schaffen willst, musst du die zweite Meile gehen, manchmal auch die dritte. Wer nur gutbürgerlich anständig im kalkulierten Kosten- und Kräfterahmen operiert, getreu nach dem Leitbild „Tue recht und scheue niemand" sein Image pflegt und nichts riskiert, der wird an seiner Beerdigung posthum gelobt, aber das war es dann auch. Schaffe Bleibendes!*

Leben heißt sich ändern

„Leben heißt sich ändern, und Vollkommenheit heißt, sich oft geändert zu haben." Dieses Zitat von John Henry Newman weckte mein ganzes Interesse. War ich nicht lange darauf stolz gewesen, mich nicht verändert zu haben, mich nicht – wie so viele – x-fach theologisch gehäutet zu haben? Sich ändern und dabei standhaft bleiben, das war es doch, was ich mir für mein Leben gewünscht hatte.

John Henry Newman, am 19.09.2010 von Papst Benedikt XVI. seliggesprochen[134], galt im 19. Jahrhundert als der gefährlichste Mann Englands. Er war der Pionier des Katholizismus auf dem schwierigen Weg in die Moderne, Vordenker und theologischer Wegbereiter des zweiten Vatikanischen Konzils und zudem ein moderner Mediennutzer des 19. Jahrhunderts, was mich als ehemaliger Leiter einer christlichen Medienstiftung immer besonders fasziniert hat. Newman wurde 1801 in London-City als Sohn eines Bankers geboren, das älteste von sechs Kindern. Er soll ein hochbegabter Träumer gewesen sein, verliebt in arabische Märchen und magische Fabeln. John Henry war schon als Teenager begeistert von den Schriften der Aufklärer, die er an der Privatschule entdeckte und die ihn früh auf Distanz zur christlichen Tradition gebracht haben. Als er 15 Jahre alt war, geriet sein Weltbild ins Wanken. Die Bank seines Vaters war in die Insolvenz geraten, der Vater selbst schwer krank. Dies alles erschütterte den jungen John Henry so sehr, dass er Gott suchte und entdeckte. Später verarbeitete er seine Bekehrung in einer Predigt folgendermaßen:

---

134 Auch wenn uns Seligsprechungen fremd sind, so wird doch das Lebenszeugnis vieler Männer und Frauen auf diese Weise lebendig gehalten.

„Zu verstehen, dass wir eine Seele besitzen, heißt (…) unsere Unabhängigkeit von der sichtbaren Welt zu empfinden. (…) Sucht Gott uns heim, so regt sich in uns bald eine Unruhe. Mit Gewalt drängt sich unserem Geist die Haltlosigkeit der irdischen Dinge auf. Sie machen große Versprechungen, aber sie erfüllen nichts und bringen Enttäuschung. So reift in uns die Erkenntnis, dass es in Wahrheit nur zwei Wesen im Weltall gibt: unsere eigene Seele und Gott, der sie geschaffen hat."

Bereits mit 15 Jahren begann er am berühmten Oxforder Trinity-College das Studium der Theologie, Philosophie, Mathematik, Physik und der antiken Literatur. Er galt als Streber, hielt sich dem Tanzvergnügen und dem Alkohol fern, wurde aber trotzdem mit knapp 21 Jahren zum Fellow berufen, eine bemerkenswerte Vertrauensposition für solch einen nicht ganz gesellschaftsfähigen Junggelehrten. Mit 24 Jahren wurde John Henry zum anglikanischen Pastor ordiniert. Kurz im Amt, machte er durch seine polemische Kritik des bürgerlich-kirchlichen Establishments von sich reden. Er nannte diese harmlos satte Religion eine „Kirche von Gentlemen für Gentlemen".

„Sie gingen auf die Jagd, waren vernünftig, tolerant und menschenfreundlich. Alles das war gut und bewundernswert, aber das Leben des Neuen Testaments war es nicht!"

Der junge Pastor Newman scheute keine Provokation, wenn es um die Konsequenz des Glaubens ging. So verweigerte er einer Braut die Vermählung, weil diese sich nicht taufen lassen wollte, was ihm prompt den Ruf eines intoleranten Prinzipienreiters einbrachte. Das kommt uns heute auch sehr bekannt vor. Wir haben die Schwelle zur kirchlichen Trauung so niedrig gesetzt, dass wir fast alles segnen, was vor den Altar kommt. Wir sind ja schon froh, wenn unsere jungen Leute überhaupt kirchlich heiraten. Newman erinnert uns daran, das Evangelium nicht zur niederschwelligen Billigware verkommen zu lassen, sondern es so aufzurichten, dass der Zugang Konsequenzen fordert.

Newman wurde bald Vikar an der Oxforder Universitätskirche St. Mary the Virgin, eine einflussreiche Position mit vielen Möglichkeiten zur geistlichen Prägung der Studenten. In dieser Zeit entwickelte Newman eine zunehmende Skepsis gegenüber seiner Fähigkeit, rhetorisch zu brillieren und zu blenden. Er misstraute seinen eigenen Talenten, weil er sah, dass Blendwerk nur Blendwerk hervorbringt. *„Wir riskieren unser Eigentum bei Projekten, die Erfolg versprechen. Was haben wir für Jesus gewagt?"*

Folgendes Predigtzitat zeigt sein inneres Ringen um Wahrheit und Klarheit eines überzeugten und überzeugenden Glaubens:

„Ich fürchte wirklich, dass die meisten sogenannten Christen so leben, wie sie leben würden, weder viel besser noch schlechter, wenn sie das Christentum für eine Fabel hielten. (…) Sie lieben die Verhältnisse, wie sie sind (…) sie befriedigen ihre Wünsche, sie führen ein ruhiges und geordnetes Leben, aber sie wagen nichts, riskieren nichts, opfern nichts, geben nichts auf um des Glaubens willen an Christi Wort." Inzwischen waren seine Predigten zum Geheimtipp geworden. Er begann die damals modernsten Massenkommunikationsmittel zur Verbreitung seiner unbequemen Gedanken zu nutzen. Er publizierte und kopierte selbst Traktate und verbreitete diese in der Englisch sprechenden Welt bis nach USA und Australien. Mit dem Pferd brachte er seine „Tracts for the times" in die Häuser seiner näheren Umgebung, getrieben von der Leidenschaft, das lebendige Evangelium gegen die müde Skepsis des weitverbreiteten Liberalismus zu setzen. Mit seinen

revolutionären Ansichten schuf er um 1833 die Grundlagen für die „Oxfordbewegung", die zurück zu den biblischen und urkirchlichen Wurzeln des Christentums wollte. Gleichzeitig sollte die Kirche unabhängig vom Staat sein. So fragt er: *„Sind wir damit zufrieden, als reine Kreatur des Staats zu gelten, als Schulmeister und Lehrer vielleicht? Hat uns etwa der Staat geschaffen?"*

Daran hat sich bis heute nichts geändert. Die Gesellschaft akzeptiert die Kirche weitgehend, weil man in ihr eine moralische Besserungsanstalt und einen preisgünstigen Diakonie-Dienstleister sieht. Hat uns etwa der Staat berufen? John Henry Newman fordert uns heraus, immer wieder über unserer Berufung zu wachen und uns vor keinen politischen Karren dieser Welt spannen zu lassen.

Ständig angefochten von diesem Zustand suchte Newman nach einem „mittleren Weg" zwischen katholischer und anglikanischer Kirche und landete dort, wo bis heute alle Vermittler zwischen den Fronten landen, nämlich zwischen allen Stühlen. Das Zitat aus einer Predigt von 1841 lässt seinen Schmerz an der Zerrissenheit des Leibes Christi erahnen:

„Finsternis verhüllt die Kirche Gottes. Wo ist unsere Einheit, um die Christus gebetet hat? Wo unsere Liebe, die er uns aufgetragen hat? Wo der einst hinterlegte Glaube, wenn jeder seine eigene Lehrmeinung hat? Wo unsere Sichtbarkeit, die ein Licht der Welt sein soll? Wir tasten wie die Blinden nach der Wand, wie ohne Augen tappen wir umher."

Mit dieser öffentlichen Klage isolierte sich Newman zunehmend von seinem Kollegium und seiner eigenen Glaubensgemeinschaft. Man entzog ihm den Einfluss, indem man das Abendessen am Oxforder College einfach terminlich verlegte, sodass die Studenten seine Predigten nicht mehr hören konnten. Diese demütigenden Erfahrungen leiteten den verbitterten Rückzug in die Einsamkeit ein. Newman fühlte sich gebrandmarkt wie ein „in Verruf geratener Pastetenbäcker". Der Spott seiner anglikanischen Glaubensgeschwister beschleunigte seine Lebensreise Richtung Rom, zu der Kirche, die ihm durch Aberglaube und Entartung eigentlich ungeeignet schien, um neues geistliches Leben zu entfachen. So war er noch nicht beheimatet im Neuen, aber bereits heimatlos im Gewohnten. Ein Gefühl, das viele Brückenbauer der Einheit des Leibes Christi bis heute kennen. „Man verlässt nicht seine Mutter", sagte mir einmal ein kirchlich besoldeter Amtsträger, der mein Leiden an der Kirche gar nicht verstehen konnte. Wie viele hätten gern ihrem Kopf und Herz gehorcht und hätten mit den kalten und alten Formen gebrochen, um endlich in eine neue Weite aufzubrechen, aber die Verwandtschaft war empört und hat den Exodus verhindert. Aber Newman nahm irgendwann auf seine Verwandtschaft keine Rücksicht mehr.

1843 gab er sein geistliches Amt auf und ging in den Laienstand zurück. Zum Entsetzen seiner Familie tritt er 1845 zur Katholischen Kirche über. Nichts konnte ihn mehr aufhalten. Nun war er Laie, schmerzlich abgesondert vom Klerus. Demütig fing Newman wieder ganz unten an; seine akademischen Abschlüsse wurden nicht anerkannt, sodass er alle theologischen Examina noch einmal ablegen musste. In dieser Serie von Demütigungen konnte seine herausragende Lebensweisheit reifen: *Leben heißt sich ändern. Vollkommen sein heißt, sich oft geändert zu haben!"*

Es folgte die Priesterweihe in Rom. John Henry Newman zog nach Birmingham und gründete bald spirituell und sozial orientierte Ordensgemeinschaften. Er baute humanistische Privatschulen auf, lehrte Geige und Liturgie, engagierte sich seelsorgerlich im Armenviertel und schrieb einen erfolgreichen Roman über seine Bekehrungsgeschichte, die „Apologie".

Newman wollte seine neue geistliche Heimat, die römisch-katholische Kirche, aus dem Getto führen, er hatte Lust am Disput mit der Wissenschaft und der weltlichen Kultur. Aber seine fröhliche Unbefangenheit machte den Kleingeistern in der Kirchenleitung Angst. Er misstraute dem Dogma der päpstlichen Unfehlbarkeit und kritisierte die Bischöfe: „Sie verbieten nur, geben aber keine Führung!" Diesen ängstlichen Oberhirten, die die Jugend vor dem Studium im liberalen Oxford warnen wollten, hielt er entgegen: „Alle Orte sind gefährlich. Die Welt ist gefährlich! Man kann junge Leute nicht im Glaskasten halten!"

Seine Lehrtätigkeit sollte Stätten schaffen, „aus der Menschen *aus* der Welt *für* die Welt befähigt werden". Newman mühte sich tapfer, die Strahlkraft des Glaubens im Gespräch mit moderner Wissenschaft und rationalistischer Kritik zu wahren. Der Glaube muss intellektuell verantwortbar sein – das war sein zentrales Anliegen, dafür riskierte er den Frieden mit seiner neuen Kirche. Enge Geister in seiner Umgebung mäkelten ständig an seiner Skepsis gegenüber der absoluten päpstlichen Gehorsamsforderung herum. „Ich habe in Rom keinen Freund", schrieb Newman traurig in sein Tagebuch. Er wurde in dieser Kirche nicht wirklich heimisch und stritt einsam weiter gegen Denkverbote und Engstirnigkeit. „Wahrheit wird durch vieler freier Geister freies Zusammenwirken erarbeitet!"

Erst 1879 kam die Wende, als Newman bereits 78 Jahre alt war und vor der Einsicht stand, wenig Großes bewegt zu haben. Papst

Leo XIII. ernannte Newman gegen viele Widerstände zum Kardinal. Aber ihm sollte keine große Wirkungszeit mehr beschieden sein. Elf Jahre später starb Newman in Birmingham, dort, wo er am 19.09.2010 seliggesprochen wurde. Seliggesprochen – das sei allen evangelischen Skeptikern und Verweigerern zugemutet –, damit wir die Väter und Mütter in Christus nicht vergessen. Dass wir ihr Lebenszeugnis bewahren und daraus lernen und es weitergeben an die folgenden Generationen, die so arm an Vorbildern sind.

John Henry Newman hat uns vierzig Bände theologischer Schriften, 36 Folianten, Tagebücher, Briefe und unzählige Traktate hinterlassen. Er war ein treuer Zeuge Jesu Christi, ein Wanderer zwischen den Kirchen, ein moderner Medienmann seiner Zeit, furchtlos gegenüber Menschen, demütig vor seinem Gott, ein freier Geist – allein der Schrift verpflichtet und ein Brückenbauer zwischen Glaube und Wissenschaft.

„Wachstum ist der einzige Beweis für Leben!"

Wo sind heute die treuen Zeugen vom Format eines John Henry Newman? Was würde er heute zum Zustand der Kirche sagen? Nichts anderes als vor 150 Jahren![135]

Qualitätsmerkmal Freiheit

„Wir weigern den Gehorsam und stehn in deinem Heer, wir singen dir Gesänge und unser Herz bleibt leer. Wir nennen dich den

---

135 Empfehlung: https://www.welt.de/debatte/kommentare/article9705064/John-Henry-Newmann-der-gefaehrliche-Englaender.html, letzter Zugriff am 20.11.2018.

Richter und brechen frech das Recht, wir künden die Erlösung und sind so oft noch Knecht. Lös du uns von uns selber und mach für dich uns frei, das Leben und Bekenntnis zu deiner Ehre sei." [136]

Mich bewegt immer wieder die Frage, warum wir so angstbesetzt sind, so besorgt. Warum wird unser Leben nicht von der Freiheit in Christus bestimmt? Hat der Zwang zur politischen und theologischen Korrektheit das Feuer erstickt, von dem wir einmal entzündet wurden? So sind wir allmählich stumm geworden. Wer keine ethischen Maßstäbe für sein Handeln hat, der wird politisch korrekt. Notker Wolf, Abtprimas des Benediktinerordens, hat treffend festgestellt, dass die politische Korrektheit ein Programm zur moralischen Versklavung darstellt. „Sie arbeitet mit dem Zwang zum Wegschauen, zur Schönfärberei, zum Maulhalten."

Der Literaturwissenschaftler und Schriftsteller Umberto Eco klagte in der WamS unter der Überschrift „Klappe halten? Nein danke!": „Eine Mischung aus Angst und politischer Korrektheit führt zu einer vorauseilenden Selbstzensur in Kunst, Religion und Politik."

Genau das werden wir in Zukunft häufiger erleben: eine Mischung aus Angst und politischer Korrektheit. Wir zensieren uns bis zur Sprachlosigkeit. Deutschland bekehrt die Sprache, aber nicht die Haltung. Geht es einem Ausländer besser, seitdem man ihn als „Person mit Migrationshintergrund" bezeichnet?

Wer kulturelle Unterschiede sprachlich einebnet, wird schuldig an der Würde des Andersartigen, ob es nun um Hautfarbe, Religion, politische Einstellung oder sexuelle Orientierung geht.

---

136 Fritz Woike, mundorgel verlag, Köln/Waldbröl.

Meine – zugegeben ironischen – Empfehlungen an die kirchliche Öffentlichkeitsarbeit:

Seit Jahren leiden viele Kirchen und Gemeinden unter der Ignoranz der Medien. Gott, Glaube und Kirche sind keine Themen öffentlichen Interesses. Dieses „Blatt" hat sich nun schlagartig gewendet. Hier sind einige Tipps, wie Sie mit Ihrer Gemeinde ganz schnell in die Schlagzeilen geraten. Ihre Gemeinde wird garantiert wieder wahrgenommen, wenn Sie diese Checkliste im Hinterkopf behalten.

1. Räumen Sie gegenüber der Presse ein, dass Sie im Kindergottesdienst die biblische Schöpfungsgeschichte erzählt haben.

2. Bekennen Sie sich freimütig dazu, im Konfirmandenunterricht über das Buch Genesis gesprochen und Vergleiche zwischen Kreationismus und Evolutionstheorie angestellt haben. Schämen Sie sich nicht.

3. Lassen Sie ehrlich raus, dass Sie immer noch das „Vaterunser" beten und noch nicht auf „Mutterunser" umgestiegen sind.

4. Schreiben Sie im Gemeindeblatt, dass in Ihren Gottesdiensten „Ausländer" willkommen sind. Man wird Ihnen eine Schlagzeile widmen. Schreiben Sie indes, Sie würden sich um Menschen mit „Migrationshintergrund" kümmern, wird keine Zeitung von Ihnen Notiz nehmen.

5. Berichten Sie öffentlich, dass Ihre Gemeinde einen „Missionar" ausgesandt hat. Die Presse wird über Sie herfallen. Bitte nicht „Entwicklungshelfer" schreiben. Das wird nie eine Meldung.

6. Veröffentlichen Sie auf Ihrer Internetseite ein Seminar zum Thema „Mit Muslimen über den christlichen Glauben reden". Weil Sie nicht im Vatikan wohnen, sollten Sie am besten gleich untertauchen.

7. Bestehen Sie darauf, dass der neue Küster Ihrer Gemeinde keiner anderen Religion angehören darf als der christlichen. Sie bekommen eine Schlagzeile. Suchen Sie sich einen guten Anwalt und achten Sie auf Menschen, die Koffer vor Ihrem Gemeindezentrum stehen lassen.

8. Erwähnen Sie beiläufig, dass Sie am Ende einer Sportübertragung in Ihrem Gemeindezentrum nach dem Sieg der deutschen Mannschaft die Nationalhymne gesungen haben. Schließen Sie abends besser die Fensterläden.

9. Berichten Sie ganz entspannt, dass Sie an Ihrem Gemeindefest eine Mohrenkopf-Wurfmaschine eingesetzt haben. Bleiben Sie danach lieber ein paar Tage in Deckung.

10. Räumen Sie gegenüber der Presse reumütig ein, dass die Jungs beim Pfadfinderlager in Uniformen aufgetreten sind und dass sich die Betreuer am Ende des Lagers mit herzlichen Umarmungen von den Kindern verabschiedet haben. Morgen werden Ihnen die Reporter auflauern.

So kommen Sie mit Ihrer Gemeinde garantiert in die Zeitung. So einfach ist heute kirchliche Öffentlichkeitsarbeit. Seien Sie bewusst politisch unkorrekt, dann kommen Sie endlich bald ins Fernsehen. So weit der satirische Exkurs.

Trotzdem, wir wirken offenbar unfrei: homophob, politisch harmlos, prinzipiell kulturpessimistisch und wissenschaftsskeptisch, apokalyptisch verängstigt.

Ich wehre mich gegen den Vorwurf der Homophobie: Ich verteidige meine Schwestern und Brüder, ich kenne niemanden, der unter Homophobie leiden würde; aber uns muss doch die Frage umtreiben, warum man uns immer wieder verdächtigt? Von nix kommt nix, sagt der Volksmund.

Unser Reden von Freiheit basiert auf der Einsicht, dass Freiheit ohne Bindung zum Scheitern verurteilt ist. Papst Benedikt XVI. sagte dazu einmal: *„Es wäre ein Verhängnis, wenn die europäische Kultur von heute Freiheit nur als Bindungslosigkeit auffassen könnte und damit unvermeidlich dem Fanatismus und der Willkür in die Hand spielen würde.*"[137]

Ich bin überzeugt, dass „Freiheit" ein Kernthema der Evangelisation im 21. Jahrhundert sein wird. Europa kränkelt vor sich hin. Italien und Spanien scheinen keine Lust mehr auf Europa zu haben. Das einst freiheitliche Europa ohne Grenzen fühlt sich in der Gefangenschaft und spuckt nationalistische Töne. Gerade der Verlust der Privatsphäre in der digitalen Gesellschaft, das Ausgeliefertsein an Hacker, die Macht von Internetprovidern und Konsorten, die uns durchleuchten, vermittelt das Gefühl einer Knechtschaft und nährt die Sehnsucht nach Freiheit.

Und „Freiheit" ist das Qualitätskriterium jeder christlichen Gemeinde. Was nicht aus der ängstlichen Enge heraus zur Freiheit in Christus führt, kann sich nicht Gemeinde Jesu nennen. Die EKD hat 2006 das Thema „Kirche der Freiheit"[138] ausgerufen. Was nicht frei macht, ist nicht christlich! So heißt es im Memorandum Kirche 2011: „Die Kirche ist kein Selbstzweck. Sie hat

---

137 Welt am Sonntag, 14.09.2008.

138 Impulspapier des Rates der EKD 2006.

den Auftrag, den befreienden und liebenden Gott Jesu Christi allen Menschen zu verkündigen. Das kann sie nur, wenn sie selbst ein Ort und eine glaubwürdige Zeugin der Freiheitsbotschaft des Evangeliums ist.["139]

Die Kirche muss selbst ein Ort und eine glaubwürdige Zeugin der Freiheitsbotschaft sein. Da kann man noch so viel Freiheit proklamieren und fordern: Wenn Gottes Bodenpersonal nicht in der befreienden Kraft des Evangeliums lebt, wenn dort nicht Freiheit gewährt und Amnestie praktiziert wird, dann gibt es keine Lernorte der Freiheit mehr. Die Gemeinde Jesu ist der Tatort der Barmherzigkeit, in dem wahre Freiheit ohne ideologische Nebenwirkungen gelebt und erlebt werden kann.

„Die Kirche hat die Barmherzigkeit ausgelagert", beklagt Notker Wolf. „Unbarmherzig zeigt sich die moralische und politische Korrektheit unserer Gegenwart, sie lässt keine Vergebung zu. Sie fordert und verurteilt gnadenlos.["140]

Wie predigen wir diese Freiheit? Nicht politisierend und schon gar nicht parteipolitisch, sondern politisch – die Öffentlichkeit betreffend. Wie wird eine Predigt politisch? Der Berliner Theologe Rolf Schieder sagte am 14.08.2018 beim Runden Tisch der Religionen: Pfarrer*innen sollten erst einmal biblisch predigen. Wenn sie das in aller Konsequenz täten, dann würde die Predigt politisch, relevant für die Öffentlichkeit. Ich habe den Eindruck, dass in vielen Kirchen unseres Landes hauptsächlich politische Ratschläge erteilt werden, die dann mit ein paar Bibelzitaten dekoriert werden.

---

139 Reformkatalog von 143 Theologen vom 03.02.2011, Süddeutsche Zeitung.

140 https://www.derwesten.de/politik/benediktiner-chef-kirche-hat-barmherzigkeit-ausgelagert-id11351154.html.

Im Folgenden möchte ich Freiheit beschreiben, damit wir sehen, wie Freiheit in Christus politische – d. h. die Allgemeinheit betreffende – Folgen haben wird. Denn das ist es, was viele unserer Gemeinden so impotent gemacht hat, so zeugungsunfähig für neues Leben, nämlich die Isolation von der Gesellschaft, die Absonderung von der Welt.

„Der Geist Gottes des Herrn ist auf mir, weil der Herr mich gesalbt hat. Er hat mich gesandt, den Armen gute Botschaft zu verkündigen, den Gefangenen Befreiung auszurufen und Blinden die Augen zu öffnen, die zerbrochenen Herzen zu verbinden und das Gnadenjahr des Herrn zu verkündigen" (Jesaja 61,1-2, zitiert von Jesus in Lukas 4,18-19).

Bisher sind wir Evangelikalen nur zum Thema „Abtreibung" auf die Straße gegangen, neuerdings auch gegen grün-rote Bildungspläne in Württemberg. Es wurde längst Zeit. Nach den bitteren Erfahrungen in der NS-Zeit hätten wir schon längst viel wachsamer sein müssen. Aber wir waren mit der eigenen Herzensfrömmigkeit beschäftigt, mit der Frage, ob der oder die auch „bekehrt" sind.

Ich sehe Sie, liebe Leser, im Geist schlucken und würgen. Aber denken Sie mit mir die Konsequenzen zu Ende. Wir, die wir glauben, von der Macht der Sünde freigekauft zu sein, sind doch die Avantgarde des Reiches Gottes, die Vorhut, nicht die Nachhut einer verlorenen Schlacht.

Es besteht für die Jesus-Leute kein Grund zur Weltuntergangsstimmung. Wir kapitulieren nicht vor den apokalyptischen Zeitzeichen.

„Prophetische Verkündigung und Seelsorge befreit die Menschen von den neuen Göttern und Dämonen des Konsums und der Unterhaltung."[141] Das sind sie, die neuen Götter: Konsum und Unterhaltung! Der amerikanische Medienwissenschaftler Neil Postman hat schon vor 20 Jahren prophezeit, wir würden uns einmal zu Tode „amüsieren". Daraus resultiert auch die oft angemahnte Sorge, das Gottesdienstprogramm würde immer stärker nach Mode und Geschmack ausgerichtet, nach Kriterien der modernen Unterhaltung. Und so kommt es zu dem viel zitierten Paradigmenwechsel im Verständnis von Evangelisation und Gemeindeaufbau.

Wir werben für den Himmel, für die ewige Gemeinschaft mit Gott. Egal ob man den Himmel als Ort, als Lokalität im Weltall versteht, oder als Zustand, als Qualität. Aber wir glauben auch daran, dass das Leben nach biblischen Prinzipien manch „Mühseligen und Beladenen" ein Stück Himmel auf Erden beschert.

Das Heil wirkt zweidimensional: Es heilt vertikal die gebrochene Beziehung zu Gott und es heilt horizontal die gebrochenen Beziehungen zu Menschen und ihrer Lebenswelt. Unser geistlicher Dienst folgt der theologischen Aufgabe, dass er weder im diesseitigen Fortschrittsglauben auf- noch in apokalyptischer Angst vor der Zukunft untergeht. Wer den auferstandenen Christus proklamiert, wird die Freiheit des Menschen nicht behindern, sondern begründen, bewahren und verteidigen.

---

141 ebd.

Warum Menschen nicht zum Glauben kommen

Während meines Lehrauftrags am Theologischen Seminar TA-
BOR und später an der Evangelischen Hochschule TABOR, den
ich über einen Zeitraum von zwanzig Jahren im Fachbereich
praktische Theologie innehatte, hat sich mein Denken über die
Methodik der Evangelisation verändert. Irgendwann entdeckte
ich, dass ich auf der Klaviatur der Seelenmassage ganz gut spielen konnte. Ich wusste, welche Lieder mit welchem Tonfall und
in welcher Abfolge, nur mit ein wenig Herz und Emotionen mo-
deriert werden mussten, um den Coming-forward-Reflex[142] beim
Hörer auszulösen. Ich habe keinen Zweifel, dass Gott auch die
hilflosesten und peinlichsten Bekehrungsversuche durch sein
barmherziges Wirken veredeln und zum Segen setzen kann. Aber
irgendwann wurde mir mit Schrecken bewusst, wie viele grup-
pendynamische Prozesse da abliefen und wie viel Möglichkeit zur
Manipulation in meiner Verantwortung lag.

Mir ist der ständige Versuch, den geistlichen Ertrag einer
Evangelisation quantitativ zu bemessen, zunehmend fremd geworden. Trotzdem weiß ich, dass viele Evangelisten und Evange-
listinnen mit dieser Methode sehr verantwortlich umgehen und
darin bestätigt werden. Die evangelistischen Kampagnen „pro
christ" und „jesus house", für die ich mich von Anfang an eingesetzt habe, sind ein sehr wertvolles Beispiel dafür.

Heute zu evangelisieren heißt vor allen Dingen von Jesus zu
lernen. In seiner kurzen Wirksamkeit war vermutlich das fron-
tal-monologische Evangelisationsformat die Ausnahme. Das

---

142 Auch Altar-Call genannt. Menschen treten heraus, gehen nach vorn und bekennen sich
damit zum Glauben.

alltäglich „Normale" war dagegen nicht methodisch genormt, nicht strategisch erfolgsorientiert angelegt. „Es begab sich", ambulant – das heißt umhergehend, nicht stationär. Jesus residierte nicht an einem heiligen Ort. Er bestellte nicht zu sich. Er war gern draußen bei den Leuten. Die ersten Christen nannte man nach Apg. 9,2 „die des Weges sind". Jesus wirkte „des Weges", en passant, beiläufig – laufenderweise, Menschen wahrnehmend, dialogisch und von Herz zu Herz, dann erst von Kopf zu Kopf! Evangelisieren heißt, dicht bei den Leuten zu sein.

Wenn denn überhaupt sich ein wirklich Kirchendistanzierter in unsere Veranstaltungen verläuft, dann will er sich wehren können, Fragen stellen, dem Referenten ins Wort fallen. Am liebsten exklusiv und vertraulich, sehr persönlich und empathisch.

Das bewährte Kommunikationsformat ist keinesfalls überholt, es ist ja seit der Apostelgeschichte Sonntag für Sonntag und weltweit das bewährte Format: Einer oder eine steht vorn, akustisch und optisch erhöht, das Auditorium sitzt, hört, sieht, glaubt es, ärgert sich, freut sich, glaubt es nicht oder schläft. Biblisch evangelisieren heißt aber vor allen Dingen: den Einzelnen sehen, verstehen, ernst nehmen, ihm Gottes Anspruch und Zuspruch ans Herz legen.

Ich frage nur, ob es immer bei dem frontal-monologischen Modell bleiben muss. Gibt es keine dialogischen Formate, die dem Suchenden mehr Eigenbeteiligung ermöglichen, Zeit zum Zweifel geben, Raum zur kritischen Rückfrage? Gott hat dieses Talent und diese Methode x-fach bestätigt. Das hindert uns aber nicht daran, unsere evangelistischen Formate immer neu zu testen und zu prüfen. Wer nur einen Hammer im Werkzeugkasten hat, reduziert jedes Problem auf einen Nagel.

Das gilt auch für das „Coming-forward-Ritual", das öffentliche Bekenntnis, das „Nach-vorne-Kommen". Dieses Ritual stammt aus dem angloamerikanischen Kulturkreis, wo man gerne Erträge dokumentiert. Ist diese Methode der Erfassung des Bekehrungswilligen jemals im deutschen Kultursetting angekommen? Es wirkt immer noch fremd, obwohl es seit Elias Schrenk[143] praktiziert wird. Der legendäre Evangelist Dr. Gerhard Bergmann hat sich 1965 mit dieser Frage beschäftigt: „Diese Methode könnte zur Schematisierung des Zum-Glauben-Kommens verstanden werden. Jede Verabsolutierung einer Methode ist falsch. Die Möglichkeit des Hineinwachsens kommt bei dieser Methode zu kurz." Paul Deitenbeck erkannte, dass Bergmann noch nicht die nötige innere Freiheit für diese besonders von Billy Graham und den Janz-Brüdern favorisierte und nach Deutschland importierte Methode habe. „Aber halte dich offen dafür."[144]

Die Evangelien lassen erkennen, dass für Jesus ein *auditorium maximum* wie in der Bergpredigt eher die Ausnahme war. Der Ruf in die Nachfolge geschah persönlich, direkt, entlang des Weges. Obwohl es öfters heißt, dass ihm eine größere Menge gefolgt ist, berichten die Autoren der Evangelien mehr von der individuellen Ansprache im kleinen Kreis.

Man kann über Methoden streiten, im Rückblick das Ganze ironisch entmythologisieren und heute andere Kommunikationsformen wählen oder aus guten Gründen genauso weitermachen. Aber es wird niemand bestreiten, dass auf diesem Wege und mittels dieser speziellen Erntemethode, die der konservative

143 Schwäbischer Theologe und Evangelist * 1931–1919.

144 Gerhard Bergmann, Tagebuch eines Evangelisten, Gladbeck 1969.

Protestantismus übernommen hat, unzählige Menschen ihr Leben Jesus Christus anvertraut haben und mündige Mitarbeiter geworden sind.

10. Fazit: Es war einen Versuch wert!

Einheit leben

Johannes 17,20-23

„… damit die Welt glaubt!"

Wir müssen das, was Jesus als HERR der Kirche längst gestiftet hat, nicht mehr erfinden, wir müssen es nur noch überzeugt leben. Damit die Welt glaubt, dass Christus der Messias der Welt ist. Damit endlich klar wird, dass wir nicht zu einer zersplitterten Rückzugstruppe von Rechthabern werden, die bald von der Welt nicht mehr wahrgenommen wird.

Jesus betet auf dem Weg zum Kreuz um Einheit seiner Jünger, seiner Fans und seiner Schüler, um Einheit der Enthusiasten und Bedenkenträger, um Einheit der Zweifler und der Draufgänger, der Verräter und der letzten wahren Freunde unterm Kreuz. Jesus betet! Er debattiert nicht mehr, er appelliert nicht mehr. Irgendwann läuft jede Ermahnung ins Leere. Dann hilft nur noch beten. Laut beten, dass es die Weggefährten hören.

Jesus betet um Einheit derer, die Gott ihm anvertraut hat, weil er ahnt, dass im Jüngerteam ein hochgradiges Spaltpotenzial steckt. Diese Männer könnten das Evangelium kaputt machen, bevor es richtig zum Laufen kommt. Das ist die eigentliche Sorge Jesu, selbst im Angesicht des nahen Todes.

Eine zertrennte, auf Separation und Isolation bedachte Gemeinde wird eine harmlose Kirche sein, wirkungslos, kraftlos und mit sich selbst beschäftigt. Der Gedanke der Allianz und Ökumene soll uns dafür begeistern, dass das Reich Gottes vielfältiger und bunter ist, als uns bewusst ist. Und dass die Vielfalt und Buntheit lutherischer, römisch-katholischer, reformierter, freikirchlicher, charismatischer, liberaler, hochkirchlicher und „bibeltreuer" Ortsgemeinden nur dafür gut ist, dass wir von unseren unterschiedlichen Traditionen und Prägungen lernen. Einfach nur staunen und lernen und wertschätzen, was Gott anderen Gemeinden an geistlichem Erbe anvertraut hat. Damit die Welt erkennt, dass Christus die Hoffnung der Welt ist.

Das könnten die Schritte zur Erneuerung sein: einander wertschätzen, einander ertragen, miteinander beten, miteinander theologischen Disput pflegen und miteinander dienen. Allianz und Ökumene im Sinne Jesu bedeutet, keine Ruhe zu geben, bis alle Christen, die Jesus Christus als HERRN bekennen, wenigstens einmal im Jahr konkurrenzlos zusammenkommen und Gottesdienst feiern. Damit die Welt erkennt, dass Jesus keine hölzerne Krippenfigur ist, die mit Lametta für die nächsten elf Monate verstaut wird, sondern der lebendige, auferstandene HERR ist, dem alle Gewalt gegeben ist im Himmel und auf Erden.

Bruder Lorenz, der Karmeliterbruder und Schuhmacher im Paris des 17. Jahrhunderts, sagte einmal: „Erst muss man kennen, dann kann man lieben!"

Wir kennen uns zu wenig, darum lieben wir uns oft nicht. Über theologischen Spitzfindigkeiten werden keine Brücken der Liebe entstehen, so dringend nötig der theologische Diskurs auch ist.

Diese verrückte Vision einer sich gegenseitig inspirierenden Kirchenszene wäre dicht dran an der Bitte Jesu im hohepriesterlichen Gebet. Gelebte Einheit des Leibes Christi. Man müsste nur jede Menge Stolz ablegen und sich in Demut üben. Sonst geht nämlich gar nichts. Sonst bleibt der Leib Christi weiter segmentiert, amputiert und ramponiert. So kann die Welt nicht erkennen, dass die Lehre und das Leben Jesu einen ganz großen Entwurf einer lebenswerten Gesellschaft darstellen, einen Entwurf des Reiches Gottes, das hier schon das Leben verändert. Eine Vision, die die Welt radikal erneuern kann. Wenn wir denn die Schützengräben verlassen, wenn wir denn die apologetische Defensive überwinden und charmant-offensiv für Christus werben würden.

So lange das nicht funktioniert, solange wirkt die Ermahnung, wir sollten als Christen in den Dialog mit den Muslimen treten – ziemlich abwegig. Wie soll das gehen, solange wir als Christen noch nicht mal unter uns den Dialog üben? Wir fürchten nicht die Stärke des Islam, wir fürchten die Schwäche einer harmlosen Kirche, die die Sehnsucht Jesu nach Einheit seines Leibes bis heute nicht wirklich verstanden hat.

Jesus scheint diesen Schaden einer zerstrittenen Jüngerschar auf dem Weg hinauf zum Kreuz geahnt zu haben. Er sorgt sich nicht um seinen eigenen Leib, er sorgt sich um den Leib der sich gerade formierenden Gemeinde Jesu. So als würde er ahnen, wie sie in theologischer Korrektheit, in Eitelkeit, im stürmischen Sendungsbewusstsein, im Streit um die beste Missionsmethode übereinander herfallen würde.

Vielleich hatte Jesus auf diesem ernsten Gebetsweg nach Golgatha schon die Konzile vor Augen, auf denen später die ersten Lehrstreitigkeiten ausgetragen wurden. Vielleicht hatte er die

Schismen erahnt, die Spaltungen, die den Leib Christi im Laufe der Kirchengeschichte so zerstückeln sollten. Nicht selten waren die wahren Gründe für Spaltungen vor Ort gar nicht theologisch begründet, sondern biografisch. Erst eine Gesamtschau auf 2000 Jahre Kirchengeschichte hilft uns zur kritischen Bewertung unserer eigenen Gemeindegeschichte. Und dieser Blick macht einfach nur demütig.

„Vater, ich bitte für die, die durch ihr Wort an mich glauben, damit sie alle eins seien, wie du, Vater, in mir bist und ich in dir! Damit auch sie eins seien, damit die Welt glaubt, dass du mich gesandt hast!"

Damit die Welt glaubt. Anders ist die Welt wohl nicht zu überzeugen. Wer am Wort Gottes zweifelt, der soll wenigstens an der Einheit der Jesus-Leute erkennen, dass Christus kein selbsternannter Guru, sondern der Gesandte Gottes ist, der Messias, der Hoffnungsträger.

Die Schnittmenge derer, die Jesus Christus als HERRN bekennen, ist größer als das, was wir uns vorstellen können. Da muss sich erst vor einer koptischen Kirche in Ägypten ein islamischer Terrorist in die Luft sprengen und unsägliches Leid anrichten, bis wir erkennen, dass es neben uns relativ jungen Gemeinden uralte Kirchen gibt, die ihre Wurzeln in den Urgemeinden haben. Orthodoxe Kirchen, die uns mit ihren Ritualen fremd sind, die aber weltweit verfolgt werden und seit Jahrhunderten unter diesem Druck das kostbare Evangelium von Jesus Christus konservieren. Gemessen an diesen reichen Traditionen sind viele junge Gemeindegründungen auf dem Kalender der 2000-jährigen Kirchengeschichte geradezu Eintagsfliegen, die erst mal den Test einer ersten Generation bestehen müssen.

Damit die Welt erkennt, dass Christus der Messias ist. Darum geht es. Nicht darum, dass die Welt unsere Guttaten erkennt. Nicht darum, dass die Welt feststellt, dass wir auch sozial-diakonisch eingestellt sind und attraktive Gottesdienste machen. Die Welt soll am Miteinander der Heiligen, am Konzert aller Gemeinden einer Stadt, an der Harmonie in Christus erkennen, welches Geistes Kinder wir sind. Wir könnten den Unterschied machen, den Ton bestimmen und konzertant auftreten. Die Politik wird das nie schaffen.

Wir Jesus-Leute müssten die politische Kakophonie blamieren und unisono, einstimmig Jesus proklamieren. Darum geht es. Nur darum. Gern auch mehrstimmig, aber bitte harmonisch, d. h. aufeinander abgestimmt.

Respekt für das Fremde

Es mangelt uns nicht an Frömmigkeit und biblischer Unterweisung. Ich befürchte eher, dass wir an Respektlosigkeit gegenüber anderen Gemeinden und Glaubensprägungen leiden, die schon lange vor uns erweckten Neupietisten und sogenannten Evangelikalen da waren. Demütiger Respekt, daran fehlt es uns. Wir lehnen zu schnell andere Prägungen ab, weil wir zu wenig voneinander wissen und uns in völlig untaugliche Schubladen sortiert haben. Nein, so überzeugen wir nicht. Wer so getrennt weitermachen will, schreibt die Harmlosigkeit fest. Das ist nicht unser Auftrag.

Ich will mich nicht schonen, will lieber einen Schritt zu weit gehen. Ja, ich will meine Haut zu Markt tragen. Die einen haben sich ein dickes Fell wachsen lassen und lassen jegliche Kretik an sich abperlen, die anderen sind dünnhäutig geworden, wieder andere haben sich mehrfach gehäutet.

Um nicht zwischen alle Fronten zu geraten, haben wir mit der Zeit gelernt, was wir wie in welchem Frömmigkeitssetting zu sagen haben und was wir lieber für uns behalten. So etwas geht mittlerweile als probates Mittel zur Vermeidung von Streit locker durch, aber es ist nicht aufrichtig. Wir brauchen in unseren Gemeinden ein Klima, in dem alles gedacht und gesagt werden kann. Denkverbote festigen die Macht derer, die sie erteilen. Und wenn eine Gemeindeleitung das nicht aushält, dann ist sie fehl am Platz.

Die evangelikale Publizistik folgt bei allem seriösen Sendungsbewusstsein auch Marketingmethoden, um den „rechten" und „linken" Flügel immer mal wieder in Leserbriefduellen aufeinander loszulassen und damit letztlich Kunden zu binden. Und immer gilt es, das Wohlwollen des Kunden und Spenders nicht zu irritieren. Da bleibt man mit dem eigenen Standpunkt lieber in Deckung, schont seine Haut und sagt sich:

- Lass doch in einer konservativen Gemeinde das Thema „Frauen in Leitung und Verkündigung" einfach ruhen. Die Idee einer Seminarreihe zum Thema „Feministische Theologie verstehen" war keine gute. Erspar dir die Entzündung. Die „Brüder" brauchen noch Zeit.
- Versuche nicht einer lutherischen Gemeinde das baptistische Taufverständnis nahezubringen. Du bekommst nasse Füße.

- Lass es einfach bleiben, in einer traditionellen Kirchengemeinde, die „Danke für diesen guten Morgen" für „moder-
nes Liedgut" hält, für eine neue Worship-Kultur zu werben.
- Respektiere die Gepflogenheiten der jeweiligen Frömmig-
keitskultur.
- Wundere dich nicht, wenn in einer Gemeinde, die sich gerade abgespalten hat und nun richtig „frei" ist, nach deiner
Predigt über die Einheit der Christen und die Notwendigkeit ökumenischer Prozesse die führenden Köpfe unter sich
gucken und das Ende deiner Rede herbeisehnen.

Den Schmerz zulassen

Der Apostel Paulus hat sich nicht gescheut zu bekennen, dass er
„jahrelang Nacht und Tag nicht aufgehört habe, einen jeden *unter
Tränen zu ermahnen".*[145]
Eine christliche Gemeinde, die sich wohlfühlt in ihrer Haut,
wird alles tun, um Schrammen und Blessuren zu vermeiden. Es
muss auch mal Ruhe sein, sagen die Leute. Und es soll bloß keiner
die Gemeinde und schon gar nicht die Kirche wechseln. Streit um
Evolution und Kreation, sexualethische Fragen, Taufverständnis,
Endzeittheorien und Stilfragen der Musik und des Gottesdiens-
tes sind immer wieder Ursache dafür, dass Menschen aus ihrer
Gemeinde emigrieren und sich neuen Gemeinden anschließen.

---

145 Apg. 20,31; 2. Kor. 2,4.

Das sind alles Nebenschauplätze, die mit dem Aufbau einer zeitgemäßen missionarischen Gemeinde zunächst wenig zu tun haben, die aber über jede Menge Sprengkraft und Spaltpotenzial verfügen. Darum werden brisante Themen lieber gedeckelt oder vertagt. Und dann läuft es nach dem Motto „Hauptsache Frieden. Daran können sich die ‚anderen‘ die Finger verbrennen. Und überhaupt, wie wird der Spender reagieren?“

Paulus verwendet in Röm. 12,2 den griechischen Begriff „metamorphose“, um die notwendigen Veränderungen im Leben eines Christen zu beschreiben. Seid nicht gleichförmig dieser Welt, sondern werdet verwandelt durch Erneuerung eures Sinnes, damit ihr prüfen mögt, was der Wille Gottes ist: das Gute, das Wohlgefällige und Vollkommene.

Wer nicht stromlinienförmig im Zeitgeist oder einer Frömmigkeitsprägung aufgehen will, darf sich verwandeln lassen durch Erneuerung seines Denkens. Diese „metamorphose“ hat zum Ziel, uns urteilsfähig zu machen, den Willen Gottes zu erkennen. Die uns geschenkten Veränderungsprozesse im Denken und Handeln halten uns im offenen Gespräch und schaffen Vertrauen und Wertschätzung.

Aber diese Transformationen machen uns auch standfest. So wachsen wir in der Erkenntnis und bleiben nicht die, die wir zu Beginn unserer Christusnachfolge waren.

Die spannende Frage ist nun, wie wir diesen Reifungsprozess erleben, verarbeiten und mit wem wir das teilen. Haben wir einen Kreis eng vertrauter Freunde um uns, mit denen wir die „Erneuerung unseres Sinnes“ besprechen können? Lassen wir uns theologisch beurteilen, bevor aus einer fixen Idee gleich eine bedeutende geistliche Metamorphose wird?

Haben wir Weisheit, Demut und Geduld, unsere Gemeinden oder unsere Mitarbeiter ein Stück mitzunehmen und sie zur Reife zu führen, damit wir den Willen Gottes erkennen: das Gute, Wohlgefällige und Vollkommene?

Noch einmal: Ich warte nicht darauf, dass alle Menschen Brüder werden. Mir würde es reichen, wenn die Brüder endlich Menschen werden würden. Wenigstens menschlich, gnädig, barmherzig, lernfähig.

Jesus betet: „Ich habe die Herrlichkeit, die du mir gegeben hast, auch ihnen gegeben." Sind wir an unserer Herrlichkeit erkennbar? Leben wir diese Berufung zur Herrlichkeit würdig? Wenn wir etwas gemeinsam tun können, dann beten. Das ist ein wesentliches Anliegen der DEA mit ihrer alljährlichen und bundesweiten Allianzgebetswoche. Wer die Zeichen der Zeit erkannt hat, wird keine Ruhe mehr geben, bis wir wieder den Blick für den Reichtum der ganzen Kirche Jesu Christi gewinnen und uns wahrnehmen und zusammenrücken.

Erlöst? Ja, aber …! Befreit? Ja, aber …! Versöhnt? Ja, aber …! Vergeben? Ja, aber …! Geliebt? Ja aber …!

Wann begreifen wir endlich, dass unser ständiges „Ja, aber …!" das Gegenteil von Gnade ist?

Wir bleiben Lernende

So will ich ein Lernender bleiben, mich davor hüten, meine Erkenntnisse zum Maßstab für andere zu machen, und unter der nüchternen Einsicht bleiben, dass unser Wissen Stückwerk ist und bleibt. Ich kann jedenfalls wieder glauben, dass die Gemeinde Jesu ihre beste Zeit noch vor sich hat. Weltuntergangsstimmung und apokalyptische Verfallstheorien sind typisch für religiöse und politische Sekten, aber nicht für die Jesus-Leute. Unser Herr kommt! Mit ihm kommt unsere endgültige Erlösung und Befreiung, das Schönste überhaupt, nämlich das Gericht: Alle, denen auf dieser Welt Unrecht widerfahren ist, werden im Gericht Gottes endgültig Recht und Gerechtigkeit erfahren. Das erfüllt mich mit Freude, Dankbarkeit und einer tiefen Sehnsucht nach Vollendung.

Der evangelikal geprägte Glaube ist sicher nicht der **einzige** Weg zu Gott, und wir Evangelikalen waren nicht immer **artig** gegenüber denen, die auf einem anderen Weg zu Christus waren, aber die **Einzigartigkeit** dieses Gottes, der Gnade vor Recht ergehen lässt, ist es wert, geliebt zu werden. Was Zorn und Gericht nicht geschafft haben, das haben seine Liebe und Gnade geschafft. Ich hoffe und bete darum, dass uns dieses Buch staunen lässt über den Gott, dessen Heiligkeit die ganze Erde erfüllt (Jes. 6,3), ob nun mit uns, trotz uns oder auch ohne uns. Er hält uns aus und leitet uns in alle Wahrheit. Er kommt zum Ziel und wird seine Gemeinde vollenden, auch wenn wir weiter in internen Gefechten und Machtspielen, in Ignoranz und Arroganz nichts mehr um uns herum wahrnehmen und so unsere Berufung verspielen. Gott braucht uns nicht, um sein Reich aufzurichten. Aber er hat uns offenbar gern dabei.

Möge die Liebe und Gnade Gottes das Gütesiegel der Evangelikalen sein, bleiben und immer wieder neu werden.

„Die Liebe ist das Einzige,
was die Kinder Gottes von
den Kindern des Teufels unterscheidet.
Hörst du: das einzige.
Wer die Liebe hat, ist aus Gott
geboren; wer sie nicht hat,
ist nicht aus Gott geboren.
Das ist das große Zeichen,
der große Unterschied."

Augustinus (354–430)

Ich danke

- meiner Familie, dass sie den chronisch schreibenden Ehemann, Vater, Schwiegervater und Großvater ausgehalten hat. Ich kann leider nicht versprechen, der Schreiberei abzusagen.

- meinem Sohn Wilhelm Andreas Mette und meinem langjährigen Lektor Johannes Leuchtmann für die geduldige Ungeduld, mit der sie (und andere) mich zur Arbeit an diesem Thema herausgefordert haben.

- den Autoren der Gastbeiträge und Talkpartner für die konstruktive Mitarbeit und die Ermutigung.

- meinem Verleger Detlef Holtgrefe und dem starken Team von Gerth Medien und meinen Freunden in der SCM-Verlagsgruppe für das Vertrauen und die Freiheit.

- den Testlesern Karl Albietz, Klaus Douglass, Gerhard Hofsäß, Helmut Heiser, Wilhelm Mette, Roland Sterzik, Matthias Störmer und Harry Wollmann für die kritische Durchsicht des Manuskripts und manch wertvolle Beratung.

- meinen Schwestern und Brüdern im Hauptvorstand der Deutschen Evangelischen Allianz, namentlich dem Generalsekretär Hartmut Steeb, dem Vorsitzenden Ekkehart Vetter und dem stellvertretenden DEA-Vorsitzenden Siegfried Winkler für die Einigkeit im Wesentlichen.

- meinen Kritikern, ohne die ich für dieses Buch nie reif geworden wäre. Den „Zensoren", die vor der Lektüre warnen werden. Den „Prüfern", die dieses Schreibwerk gründlich begutachten und sicher Schwächen entdecken werden. Sie werden es in den sozialen Medien sezieren und kritisieren und damit zur freien Meinungsbildung beitragen.

Wer sich über mein Geschreib geärgert hat, der möge sich nicht bei anderen beklagen, sondern ganz im Sinne des Buches direkt bei mir persönlich. Konstruktiv-kritische oder zustimmend-wohlwollende Rückmeldungen werden einen interessierten Leser finden, der auch zeitnah antworten wird. Freilich unter dem Vorbehalt der *conditio jacobaea*[146].

146 Jak. 4,14.

Der Verlag weist ausdrücklich darauf hin, dass im Text enthaltene externe Links nur bis zum Zeitpunkt der Buchveröffentlichung eingesehen werden konnten. Auf spätere Veränderungen hat der Verlag keinerlei Einfluss. Eine Haftung des Verlags für externe Links ist stets ausgeschlossen.

FSC
www.fsc.org

MIX
Papier aus verantwor-
tungsvollen Quellen
FSC® C014496

Soweit nicht anders angegeben, sind die Bibelzitate folgender Ausgabe entnommen:
ELB –*Revidierte Elberfelder Bibel* (Rev. 26) © 1985/1991/2008 SCM R.Brockhaus im SCM-Verlag GmbH & Co. KG, Witten.

Version 1 des Textes Johannes 17, 20-25 wurde entnommen aus der *Bibel in gerechter Sprache. Herausgegeben von U. Bail, F. Crüsemann und anderen.* Gütersloher Verlagshaus, Gütersloh 2006.

© 2019 Gerth Medien GmbH, Dillerberg 1, 35614 Asslar

1. Auflage 2019
Bestell-Nr. 817548
ISBN 978-3-95734-548-6

Umschlaggestaltung: Mareike Schaaf
Umschlagfoto: Dzm1try/Shutterstock
Satz: Apel Verlagsservice, Bad Fallingbostel
Druck und Verarbeitung: GGP Media GmbH, Pößneck
Printed in Germany

www.gerth.de